Buddha ohne Geheimnis

Die Lehre für den Alltag

Ayya Khema

BUDDHA
ohne Geheimnis

Die Lehre für den Alltag

Jhana Verlag im Buddha-Haus
Uttenbühl 5, D-87466 Oy-Mittelberg
E-Mail: produktsicherheit@jhanaverlag.de
www.buddha-haus.de/jhanaverlag.de oder www.jhanaverlag.de

Bibliografische Information der Deutschen Bibliothek
Die Deutsche Bibliothek verzeichnet diese Publikation in der Deutschen Nationalbibliografie;
detaillierte bibliografische Daten sind im Internet über http://dnb.ddb.de abrufbar

ISBN 978-3-931274-48-1

3. Auflage 2025, JhanaVerlag
Deutsche Erstausgabe 1986 im Theseus Verlag

Korrektorat: Traudel Reiß
Covergestaltung: Jörg Hoffmann, jhpDESIGN
Satz & Layout: Claudia Wildgruber
Druck: Druckerei Steinmeier GmbH, Deiningen

Inhalt

Vorwort

Dieses Buch ist aus Dhamma-Vorträgen entstanden, die ich in einem zehntägigen Meditationskurs in Dicken (Schweiz) 1983 gehalten habe. Dazu kamen noch einige Vorträge aus einem Meditationskurs 1984 im Haus der Stille, Roseburg. Alle wurden auf Tonband aufgenommen, und ohne die unermüdliche, mit viel Liebe verrichtete Arbeit von Margot Unterberg wäre dieses Buch nie erschienen. Sie hat die Tonbänder transkribiert und in ein druckreifes Manuskript verwandelt. Dank gebührt auch Frau Hedwig Lauckner für ihre Anregungen und Korrekturen.

Allen meinen Schülern in den deutschsprachigen Ländern danke ich für die Aufmerksamkeit und das Interesse, mit denen sie mir zugehört haben. Ihre Fragen und persönlichen Erlebnisse haben geholfen, die Lehre des Buddha noch tiefer und schlichter zu erklären, so dass vielleicht mehr und mehr Menschen Zugang zu ihr finden können.

Wenn dieses Buch den Zweck erfüllt, das innere Auge für die Wahrheiten und Herrlichkeiten des Herzens zu öffnen, und den Weg ein wenig zeigt zu Glück und Frieden inmitten des vielfältigen Alltags, dann war es jeder Mühe wert. Wenn es gar einige Leser dazu bewegen sollte, zu einem Meditationskurs zu kommen oder einen Meditationslehrer aufzusuchen, dann sind alle meine Hoffnungen erfüllt.

Von Herzen, Ayya Khema,
Kemmenau, im November 1985

I

Die vier Göttlichen Verweilungsstätten

Jeder von uns hat vier wahre innere Freunde: Gefühlsregungen, auf die wir uns verlassen können. Sie heißen in Pāli, der Sprache des Buddha, die vier *Brahmavihāras*, wörtlich übersetzt »die vier Göttlichen Verweilungsstätten«; denn wenn wir keine anderen Gefühle als diese vier in uns hegen, können wir den Himmel auf Erden haben. Nicht Unruhe oder gar Tragödien herrschen dann in unserem Herzen, sondern Frieden. Jeder hat den Samen dieser vier höchsten Emotionen in sich; aber von selber wachsen sie nicht. Wir müssen uns ständig bemühen, uns selbst zu erkennen, damit wir merken, wenn wir mit unseren Gefühlen vom richtigen Weg abgekommen sind. Am meisten müssen wir uns davor hüten, anderen die Schuld dafür zuzuschieben, dass wir nicht glücklich und zufrieden sind. Es geht nicht um Schuld, es geht um unsere Reaktionen.

Wenn wir diese vier Gefühle vervollkommnen und alle anderen durch sie ersetzen, ändert sich unsere Bewusstseinsebene. Das ist es nämlich, was wir im spirituellen Leben erreichen können und, ohne es genau zu wissen, auch erreichen wollen. Das Streben eines Menschen, der sich keiner spirituellen Praxis unterzieht, ist auf Überleben und Habenwollen von materiellen und ideellen Gütern sowie angenehmen Gefühlsregungen ausgerichtet. Da wir mit diesen Dingen auch die ständige Angst um sie haben, ist auf dieser Ebene nie Frieden zu finden.

1. Liebende Güte (mettā)

Der erste unserer vier inneren Freunde ist jene Art Liebe, die sich nicht auf einen Einzelnen richtet, sondern eine umfassende, universelle Liebe ist. Sie heißt auf Pāli *mettā*; das ist schwer ins Deutsche zu übersetzen. »Liebende Güte« ist eine Formulierung ohne Stärke, ohne Kraft. Wir haben im Deutschen keine genaue Entsprechung zu dem Pāli-Wort. Unser Wort »Liebe« hat wenigstens Kraft, und jeder hat eine Vorstellung von seiner Bedeutung, aber leider im Allgemeinen eine falsche. Es kommt nun darauf an, sie in das umzuwandeln, was der Buddha unter *mettā* verstanden hat.

Bei »Liebe« denken die meisten an zwei oder doch nur ganz wenige Menschen: Mann und Frau, Eltern/Kind(er), einander eng Nahestehende; in zweiter Linie vielleicht noch an die Liebe zu Gott oder zu einem Ideal oder an Vaterlands-, Heimatliebe. Diese Art Liebe ist freilich nicht das, was der Buddha mit *mettā* gemeint hat. Denn unsere Art zu lieben ist verbunden mit Angst. Angst, Furcht hat man aber nur vor dem, was man hasst, nicht vor dem, was man liebt. Und was hasst man dabei? Die Möglichkeit des Verlustes. Unterschwellig weiß jeder, dass nichts bestehen bleibt; leider nur unterschwellig. Da uns am Beginn unserer Meditationspraxis die aufsteigende Einsicht in den ständigen Wandel erst einmal Angst einflößt, versuchen wir, vor ihr davonzulaufen, statt uns in sie zu vertiefen. Menschen sind schon seltsame Wesen! Statt uns selber auf den Grund zu gehen, benutzen wir unsere Geistesgaben, von denen wir ja reichlich viele haben, entweder zum Erfinden von Dingen, die uns das Leben angenehmer machen sollen, was sie letztendlich nie tun, oder dazu, uns in philosophische Gedanken zu verwickeln, von denen aber auch kein Ausweg zu erwarten ist. Wir füllen uns sozusagen mit etwas an, das nie erfüllt. Und da Liebe, die mit Angst verbunden ist, keine reine Liebe sein kann, haben wir die entsprechenden Resultate in uns und um uns herum. Diese Art Liebe ist auch mit der Erwartung verknüpft, der andere habe liebenswert zu sein, und zwar rund um die Uhr. Was absurd ist! Das kann nur der Erleuchtete fertigbringen, und von denen gibt es nicht sehr viele.Wir haben also Erwartungen, die unerfüllbar sind, und leben demgemäß in ständiger Enttäuschung. Wenn wir lieben, wollen wir wiedergeliebt werden. Selbst dort, wo es nicht um die übliche Zweierbeziehung geht, sondern um Liebe zu Idealen, haben wir immer Ziele und wollen wir etwas zurückbekommen.

Nichts von alledem ist *mettā*. *Mettā* ist eine Qualität des Herzens, wie Intelligenz eine Qualität des Geistes ist. Mit »Herz« meine ich natürlich das spirituelle, nicht das anatomische Herz. Sein Sitz ist in der Mitte des Brustkorbs, man kann es deutlich spüren. Wenn die liebende Güte stark wird, fühlt man dort Druck und Wärme, und man kann auch fühlen, wenn es sich öffnet. Wir haben die Samen in uns. Wenn wir sorgsam mit ihnen umgehen, den richtigen Weg einschlagen und, um beim Bild vom Gärtnern zu bleiben, das Unkraut beizeiten zupfen, kann auch Liebe, die herrlichste aller Blumen, voll zur Blüte kommen. Das ist freilich nicht so einfach, wie es sich anhört, und wird leider zu wenig praktiziert. Daran krankt die Menschheit, weil jeder Einzelne daran krankt. Es sind ja nicht »die da draußen« und »wir hier drinnen«. *Wir sind* die Menschheit, sind ein Muster davon – hoffentlich keines ohne Wert! In diesem Sinne an uns zu arbeiten, ist das ertragreichste, was wir überhaupt tun können.

Wie weite Kreise ein positiver Einfluss ziehen kann, hängt nur von der Reinheit ab, die jeder in sich selber geschaffen hat. Es wäre schon viel gewonnen, wenn er die eigene Familie erreichte, die Kollegen, Nachbarn, Freunde und Bekannten. Und die Reinheit wiederum ist abhängig von einer Liebe, die nicht nur uneigennützig ist, sondern auch vollkommen bedingungslos. Dagegen wird dann oft, zu Recht, eingewendet, man müsse demnach auch Schufte und Verbrecher lieben. Die Antwort darauf ist ganz einfach: »Ja«. Das bedeutet nicht, ihre Taten gutzuheißen oder unsere Urteilskraft einzubüßen und nicht mehr zu wissen, was gut und böse ist. Das wäre schrecklich! Es fällt sowieso vielen Menschen schwer, Gut und Böse auseinanderzuhalten. Aber da auch Schufte und Verbrecher Lebewesen sind, die leiden, so wie wir alle leiden, gibt es gar keine andere Wahl als Liebe und Mitgefühl.

Die Qualität des Herzens, das lieben kann, ist eine Qualität, die einem Sicherheit gibt. Man fühlt, dass man sich auf sich selber verlassen kann, weil man genau weiß, wie man reagieren wird: nicht mit Wut, Ärger, Angst, Ablehnung, Aufregung, Widerstand, sondern mit Liebe – was auch geschehen mag. Dann hat man im eigenen Herzen die einzige Sicherheit gefunden, die es gibt. Alles Materielle ist ja durch und durch unsicher und einem ständigen Wandel unterworfen. Aber liebende Güte können wir so in uns stabilisieren, dass sie unwandelbar wird: Unser Verhalten ist dann ganz unabhängig davon, wer vor uns steht – ob er uns tadelt, droht, Böses antut –, weil wir eingesehen haben, dass jede andere Reaktion als die aus liebender Güte uns selber unglücklich macht. Wir wären ja Narren, wollten wir uns vorsätzlich unglücklich machen. »Wären«? Leider hat der Buddha erkannt: Wir alle sind Narren. Aber wir können uns ändern! Und das ist ja wohl auch der Grund, warum Sie zu einem Meditationskurs wie diesem gekommen sind.

Der Feind von Liebe ist Hass. Das sieht jeder ein und bedarf keiner Erklärung. Aber der nahe Feind von Liebe ist

Zuneigung, und das ist schwer zu erkennen. »Nah« heißt er, weil er der Liebe zum Verwechseln ähnlich ist. Zuneigung ist aber mit Anhaften verwoben. Wir halten uns an dem, dem wir zugeneigt sind, fest, und dadurch halten wir auch das Objekt unserer Zuneigung fest. Aber jegliches Anhaften ist eine große Bürde!

Der Buddha sprach von elf Vorteilen, die der genießt, der *mettā* im Herzen hat:

Er geht glücklich schlafen, hat keine Alpträume, wacht glücklich wieder auf. Wer nämlich den ganzen Tag über niemals ein Gefühl von Hass, Ärger, Unsicherheit, Angst, Neid in sich gehabt hat, der kann nur glücklich einschlafen, denn sein Geist ist ruhig und glücklich. Woher sollten da Alpträume kommen? Was den Tag zuvor geprägt hat, ist auch der erste Gedanke beim Aufwachen.

Ferner wird einer, dem Liebe das Herz füllt, von Lebewesen aller Art geliebt.

Viele suchen seine Nähe – seien es Menschen oder Tiere oder andere Wesen.

Er wird von den Devas[1] beschützt, hat sozusagen einen Schutzengel.

Da er nichts Schlechtes denkt, spricht, tut, wahrnimmt und fühlt, widerfährt ihm in der Regel auch nichts Böses. Unsere Gedanken geben uns die Richtung, und sie sind von unseren Gefühlen bestimmt. Wenn die Gefühle rein, warm und liebevoll sind, sind es die Gedanken auch.

Sein Geist ist schnell konzentriert, er kann also gut meditieren. Die Läuterung der Gefühle bringt die Klarheit des Geistes.

Wer *mettā* im Herzen hat, habe eine »gute Gesichtshaut« – eine merkwürdige Übersetzung, es ist wohl eher der Gesichts-

---

1) Göttliche Wesen

ausdruck gemeint; wer liebevolle Gefühle hegt, sieht natürlich viel schöner aus als einer, der voller Hass ist. Wir brauchen in unserer Wut nur in den Spiegel zu schauen. Unsere Gefühle stehen uns buchstäblich im Gesicht geschrieben.

Er stirbt einen unverwirrten Tod.

Das heißt, ein Mensch, der im Leben liebende Güte praktiziert hat, wehrt sich nicht voller Angst gegen das Sterben. Wer viel mit Sterbenden zu tun hat, weiß, dass für die meisten Menschen Sterben eine schwere Zeit ist. Wir sprechen ja auch vom »Todeskampf«, vom »Ringen« mit dem Tod. Nur wenige können ruhig sterben. Liebende Güte ist dabei der springende Punkt. Die kann man sich aber nicht noch rasch zulegen, wenn die letzte Stunde bereits geschlagen hat; wann das sein wird, weiß keiner – Grund genug, sich ab sofort in liebender Güte zu üben!

Wer es darin zur Vollendung gebracht hat, kann eine Wiedergeburt in den höchsten Brahma-Bereichen erwarten. Aber das ist Zukunftsmusik. Ich messe dem keine Bedeutung bei, denn die Hauptsache ist, was sich in diesem gegenwärtigen Leben abspielt. Natürlich hat alles Einfluss auf die Zukunft, aber da sich unsere Gedanken und Gefühle ja jede Sekunde ändern, ist nicht die Zukunft in Betracht zu ziehen, sondern der Moment des Praktizierens. Und der ist jetzt.

Liebende Güte wird auf zwei Wegen geübt: durch Meditation und durch unser Verhalten.

Ich habe in Australien einmal mit einer Frau gesprochen, die Kurse in Kommunikation gibt. Ist es nicht absurd, dass wir erst lernen müssen zu kommunizieren? Sie sagte mir, dass Worte nur 7% der Kommunikation ausmachen. Die restlichen 93% liegen in Tonfall, Lautstärke, Mimik, Gestik, Körpersprache. Wer Liebe empfindet, braucht also keine Worte, um sie mitzuteilen. Er muss nicht die Runde machen und jedem versichern: »Ich liebe dich« – das wäre lächerlich und unglaubwürdig. Glaubwürdig ist allein das liebevolle Verhalten, und das überträgt sich von Herz zu Herz. Einsamkeit, die große Not unserer Zeit, ist Ausdruck mangelnder Liebe unter den Menschen. Wer keine Liebe empfinden kann, sollte sich immer wieder selber einen Ruck geben; wohin man die Gedanken richtet, dorthin kommt mit der Zeit auch das Gefühl. Der Verstand, das bewusste Drandenken kommt einem dabei zu Hilfe. Wir sollen ja den Verstand weder ablegen noch gering schätzen, er ist notwendig, und er kann uns auch auf die richtige Bahn lenken. Das ist der Grund, weshalb der Buddha Lehrrede um Lehrrede gehalten hat. Die Wahrheit, die hinter den Worten steht, lässt sich fühlen. Genauso ist es, wenn wir aus puren Vernunftgründen handeln: Im rechten Tun liegt Wahrheit, und die können wir fühlen. So bekommen wir mit der Zeit auch ein Gefühl für liebende Güte.

Das Gleiche gilt für die *Mettā-Meditation* auf der Grundlage der Liebende-Güte-Betrachtungen:

Möge ich frei sein von Feindseligkeit,
möge ich keinem Wesen Leid zufügen,
möge ich frei sein von Schmerzen in Geist und Körper,
möge ich fähig sein, mein eigenes Glück zu behüten.
Mögen alle Wesen frei sein von Feindseligkeit,
mögen alle Wesen einander kein Leid zufügen,
mögen alle Wesen frei sein von Schmerzen in Geist
und Körper,
mögen alle Wesen fähig sein, ihr eigenes Glück zu behüten.

Manche sagen, ganz zu Recht, sie fühlten nichts: »Ich denke es nur«. Wenn man trotzdem weiterübt und immer wieder den Wahrheitsgehalt erkennt, kommt auch das Gefühl auf. Wenn man dagegen nur oberflächlich dahinplappert und gar nicht sieht, dass es wahr ist, wünschenswert und der Weg zum Glück, kommt es natürlich nicht.

Wenn wir bedingungslos lieben, verkleinert sich unser Ich – und um nichts anderes dreht sich die Lehre des Buddha –, bis es eines Tages so klein geworden ist, dass wir es als Gespinst, als Illusion, als gar nicht existent erkennen. Und wenn das »Ich« etwas kleiner wird, verschiebt sich auch der Punkt, wo es steht: nicht mehr genau im Mittelpunkt; es rutscht ein bisschen zur Seite, und andere Menschen rücken ins Zentrum.

Zur Zeit des Buddha gab es einen Mönch, der bei seiner täglichen Almosenrunde immer diese liebende Güte übte. Er stand ganz ruhig vor einem Haus, wie es üblich ist, ohne etwas zu sagen, schaute die Leute nicht einmal an, was gleichfalls der Tradition entspricht, und wartete, ob etwas in seine Almosenschale gegeben werde. Wenn das geschah, strahlte er von seinem Herzen Dankbarkeit und Liebe zu dem Geber aus, von dem er gar nicht wusste, wie er aussah, ob Mann oder Frau, jung oder alt; es ging nur um das Lebewesen, das etwas Gutes getan hatte. Auf diese Weise wurde er erleuchtet. Die Läuterung des Herzens ist der Weg zur Erleuchtung, ohne sie geht es nicht. Der Verstand ist zwar hilfreich und notwendig, aber das Herz fühlt. Und Erleuchtung, vor allem der Moment der Erleuchtung, wird erst gefühlt und dann verstanden. Es ist erkanntes Erleben.

Der Buddha hat drei Arten zu lieben unterschieden. Der erste Schritt ist, für die Menschen um einen herum Wohlwollen und Freundschaft zu empfinden. Anders ist ein Miteinander gar nicht denkbar. Der zweite, ein Gefühl von Hilfsbereitschaft in sich aufkommen zu lassen und seine Mitmenschen als Teil seiner selbst zu betrachten. Die höchste Form aber ist, alle Menschen zu lieben, als wären sie die eigenen Kinder. Man weiß zwar, dass Menschen Dummheiten und Schlechtigkeiten begehen, aber keine Mutter, die den Namen verdient, hört auf, ihr Kind zu lieben, bloß weil es sich schlecht benimmt. Dann würde niemand mehr geliebt, denn jeder benimmt sich hier und da schlecht. Wir alle sind ja nichts anderes als ausgewachsene Kinder. Erwachsen werden heißt innerlich wachsen. Wir können unser Herz als Garten ansehen: Unkraut gedeiht allemal besser als Blumen. Wenn man im Herzensgarten nicht täglich jätet, überwuchert allmählich das Unkraut die Blumen und erstickt sie schließlich; allenfalls ihre Wurzeln und ein paar verstreute Samen bleiben übrig. Jeder muss sein eigener Gärtner sein. Es gibt nichts Besseres zu tun! Dazu braucht man weder Beruf noch Familie aufzugeben, im Gegenteil, jede Konfrontation mit anderen Menschen ist eine Chance. Am dankbarsten müssen wir demjenigen sein, der ganz besonders scheußlich zu uns ist: Er gibt uns nicht nur eine erstklassige Gelegenheit, uns in *mettā* zu üben, sondern lässt uns auch gewahr werden, wie weit wir noch vom Ideal, jedem als Mutter zu begegnen, entfernt sind. Am Ideal, an der Richtlinie, scheint es den meisten Menschen auf der Welt zu fehlen; sie wissen gar nicht genau, was das Gute ist. Unser Geist kann mit einem Zauberkünstler verglichen werden. Vermutlich haben Sie es in der Meditation schon selber gemerkt: Er kann hervorzaubern, was er will. Wir können Gut und Böse ununterbrochen durcheinander bringen, wie ein Zauberkünstler, der, statt sich den Hut auf den Kopf zu setzen, Kaninchen aus ihm hervorzieht. Daher sind die Richtlinien, die uns der Buddha gegeben hat, so wertvoll; sie zeigen uns, wohin wir zu gehen haben, und geben uns praktische Hilfsmittel an die Hand, dort auch hinzugelangen.

Die Lehrrede von der liebenden Güte (Karanīya-Mettā-Sutta[2])

Die vermutlich bekannteste Lehrrede des Buddha ist das *Satipatthāna-Sutta*, die Lehrrede von den Grundlagen der Achtsamkeit. Beinahe genauso bekannt ist das *Karanīya-Mettā-Sutta*, die Lehrrede von der liebenden Güte. Sie hat eine ganz interessante Entstehungsgeschichte. Diese Lehrrede ist im *Suttanipāta* enthalten, der ältesten Überlieferung der Worte des Buddha. Die Lehrrede von der liebenden Güte kam so zustande: Eine Gruppe von Mönchen hatte den Buddha um Rat gefragt, wie sie mit ihrer Meditation vorwärts kommen könnten. Es war eine Gruppe, mit der der Buddha ganz und gar nicht zufrieden war: laut, übermütig, von schlechtem Benehmen. Er schickte sie in den Wald; dort sollten sie sich einen Platz zum Meditieren suchen und die ganze Regenzeit über (drei Monate) bleiben und sich danach wieder bei ihm melden. Die Mönche zogen los und fanden einen Platz, der ihnen zusagte, unter schönen großen Bäumen der Art, die in Asien häufig vorkommt: Ihre Wurzeln liegen über der Erde und sehen aus wie Wände, oft bilden sie auch einen Kreis. Wenn man sich in ihre Mitte setzt, hat man eine kleine »Hütte« mit einem Dach aus Blättern und Zweigen um sich. An einer solchen Stelle ließen sie sich nieder. Aber Tag und Nacht wurden sie gestört. Früchte und Zweige prasselten auf sie nieder, statt der erwarteten Waldesstille war ringsum Getöse, und ständig passierten kleine Missgeschicke, ging etwas verloren

---

2) *Karanīya* heißt »Was zu tun ist«; *sutta* heißt wörtlich übersetzt »Faden«. Gemeint ist der Faden, der die Perlen der Buddha-Worte aneinander reiht. Im üblichen Sprachgebrauch heißt *sutta* »Lehrrede«, speziell die Lehrreden des Buddha sowie seiner erleuchteten Jünger.

oder entzwei, sie konnten also nicht in Ruhe meditieren. Nach einer Woche machten sie kehrt und schilderten dem Buddha die merkwürdigen Vorkommnisse. Er erklärte sie ihnen: Sie hätten sich an einem Platz niedergelassen, wo viele Devas in den Bäumen leben, und diese mit ihrem Lärm und rücksichtslosen Betragen gestört, so dass die Devas sie verjagen wollten. Aber wenn sie jetzt bei ihm das *Karanīya-Mettā-Sutta* lernten und oft für die Devas rezitierten, würden die besänftigt sein und sie in Ruhe lassen. Aber sie dürften das Sutta nicht bloß auswendig lernen und runterbeten, sondern müssten es beherzigen. So taten sie es, die Devas beruhigten sich und ließen sie ungestört im Wald meditieren.

Dieses Sutta hat in allen buddhistischen Ländern großen Anklang gefunden und wird in den meisten Tempeln und Klöstern mindestens einmal, sehr oft zweimal täglich rezitiert. In Sri Lanka zum Beispiel kann es wohl jeder Buddhist auswendig. Die Sutten sollen rezitiert werden, aber man soll sie auch Wort für Wort verstehen und in die Tat umzusetzen suchen. Leider begnügen sich viele damit, sie zu kennen, ohne sie zu praktizieren. Hierzulande haben wir dieses Problem nicht – wir kennen sie gar nicht erst. Dem möchte ich abhelfen.[3)]

Mettā-Sutta

Wem klar geworden,
dass der Frieden des Geistes
das Ziel seines Lebens ist,
der bemühe sich um folgende Gesinnung:

---

3) Die hier abgedruckte Übersetzung stammt von Vimalo Kulbarz, der viele Jahre buddhistischer Mönch war.

Er sei stark, aufrecht und gewissenhaft,
freundlich, sanft und ohne Stolz.

Genügsam sei er, leicht befriedigt,
nicht viel geschäftig und bedürfnislos.

Die Sinne still, klar der Verstand,
nicht dreist, nicht gierig sei sein Verhalten.

Auch nicht im Kleinsten soll er sich vergehen,
wofür ihn Verständige tadeln könnten.

Mögen alle Wesen glücklich sein
und Frieden finden!

Was es auch an lebenden Wesen gibt:
ob stark oder schwach,
ob groß oder klein,
ob sichtbar oder unsichtbar,
fern oder nah,
ob geworden oder werdend –
mögen sie alle glücklich sein!

Niemand betrüge
oder verachte einen anderen.
Aus Ärger oder Übelwollen
wünsche man keinem irgendwelches Unglück.

Wie eine Mutter mit ihrem Leben
ihr einzig Kind beschützt und behütet,
so möge man für alle Wesen und die ganze Welt
ein unbegrenzt gütiges Gemüt erwecken:

ohne Hass, ohne Feindschaft,
ohne Beschränkung nach oben, nach unten
und nach allen Seiten.

Im Gehen oder Stehen, im Sitzen oder Liegen
entfalte man eifrig diese Gesinnung:
dies nennt man Weilen im Heiligen.

Wer sich nicht an Ansichten verliert,
Tugend und Einsicht gewinnt,
dem Sinnengenuss nicht verhaftet ist –
für den gibt es keine Geburt mehr.

Die Lehrrede beginnt damit, dass der Buddha sagt: Wer zum Frieden gelangen will, muss das Heilsame üben. Dieser Ausspruch ist insofern bemerkenswert, als er bedeutet, dass man sich im Heilsamen üben und eine Geschicklichkeit darin erwerben kann und muss. Man *ist* also nicht entweder ein guter oder ein böser Mensch und muss nicht notwendigerweise heilsam oder unheilsam handeln, weil man einen so beschaffenen Charakter hat oder die Umstände es von einem verlangen. Dann nennt er fünfzehn Eigenschaften, die man kultivieren muss, um Frieden zu finden. Sie beginnen auf einer weltlichen Ebene, führen dann aber über sie hinaus. Das ist das Interessante an dieser Lehrrede wie an so vielen anderen. Sie fangen an mit weltlichen Dingen – wie wir die Welt erleben, in ihr reagieren, etwas besser machen können – und zeigen den ganzen Weg zum *Nibbāna*. Auch das *Mettā-Sutta* erklärt ihn ganz genau. Was kann man mehr verlangen? Weiter nichts, als ihm dann auch zu folgen, indem man sich nämlich die fünfzehn Fähigkeiten zu Eigen macht. Wer Frieden in seinem Herzen finden will, der sei:

Erstens *stark, kraftvoll:*
körperlich gesund und willensstark.
Zweitens *aufrecht, aufrichtig*:
»Aufrichtig« heißt, man sagt die Wahrheit, ist offen und ehrlich sich selber und anderen gegenüber; »aufrecht«, man

hat den Mut zur eigenen Überzeugung und steht für sie – ohne Ereiferung und ohne Groll – gerade, eine seltene und sehr wertvolle Eigenschaft. Die meisten fürchten, sie können mit ihrer Umgebung nur dann in Harmonie leben, wenn sie deren Meinung teilen. Wer aufrecht ist, ist auch zuverlässig, man kann in jeder Situation auf ihn bauen, nicht nur, wenn sowieso alles glatt geht. Wer zuverlässig für andere ist, ist es natürlich auch für sich selber. Er kennt seinen Weg und wird nie zum Opportunisten.

Drittens *gewissenhaft* und *gerade*:

geradeaus, geradezu. Das bedeutet nicht, man solle andere mit seiner Meinung traktieren, sondern sich von seinem Weg nicht abbringen lassen, unbeirrbar geradeaus gehen, nicht auf Ab- und Umwegen. Ein Mensch von geradem Wesen beschönigt und rechtfertigt sich nicht, er zeigt sich, wie er ist. Er ist liebevoll, aber legt es nicht darauf an, liebenswert zu sein.

Viertens *nicht stolz*:

Stolz hat eine Qualität von Härte. Man ist zum Beispiel stolz auf sein Besitztum, Wissen und Können, auf seine gesellschaftliche Position, mit einem Wort: auf sein »Ich«. Ein stolzer Mensch ist unbelehrbar.

Zur Zeit des Buddha gab es einen Brahmanen mit dem Spitznamen »Steifstolz«. Er war verrufen für seinen Stolz, und er war steinreich. Niemals hat er sich vor jemandem oder etwas verbeugt, was in Asien sehr seltsam ist. Er ist nie vor den Göttern in die Knie gegangen, hat nie einem Lehrer oder anderen Menschen Achtung oder Höflichkeit bezeugt. Zur allgemeinen Verblüffung erschien er eines Tages, um dem Buddha bei einer seiner Lehrreden zuzuhören. Kaum hatte der Buddha geendet, ging »Steifstolz« auf ihn zu und verbeugte sich. Der Zuhörerschaft blieb der Mund offen vor Staunen.

»Steifstolz« erklärte dem Buddha, er akzeptiere ihn ab sofort als Lehrer, aber schließlich habe er einen Ruf zu verlieren. Ob der Buddha, wenn er ihn künftig auf der Straße treffe, als Gruß auch gelten lasse, wenn er statt einer Verbeugung den Hut lüfte. Der Buddha war einverstanden. »Steifstolz« behielt seinen Spitznamen bis an sein Lebensende.

Innere Steifheit ist auch ein Merkmal von Stolz. Ein solcher Mensch lässt nichts an sich heran und in sich herein, das sein mächtiges Ego gefährden könnte. Je größer das Ego ist, desto leichter stößt es an, desto weiter ist man vom inneren Frieden entfernt.

Fünftens *jemand, mit dem man leicht sprechen kann*:

der freundlich und zugänglich ist, nicht aufbraust, nicht gleich Rechtfertigungen und Entschuldigungen zur Hand hat, nicht rechthaberisch auf seiner Meinung herumreitet und mit jedem Wort sein Ego zur Schau stellen will, sondern jemand, der gut und voller Mitgefühl zuhören kann, der beseelt ist von innerem Frieden. Innerer Unfrieden nämlich sucht ein Ventil, er plagt einen ja, man will ihn loswerden, und so entlädt er sich unter anderem in Wortgefechten und führt zu Zank und Streit. Einer, mit dem leicht zu sprechen ist, wird sich auch weder besser noch geringer als andere dünken.

Eine Gruppe Mönche wurde auf einem Waldspaziergang von Räubern überfallen. Sie wollten einen von ihnen als Geisel nehmen, um ein hohes Lösegeld zu erpressen, und der Mönchsälteste sollte ihn bestimmen. Der aber schwieg. Das brachte den Anführer der Räuberbande in Rage, und er herrschte ihn an: »Antworte! Wen willst du mitschicken? Wenn du nicht antwortest, nehmen wir dich!« Der Mönch erwiderte: »Wenn ich einen nenne, hieße das, ihn geringer als die anderen zu bewerten. Wenn ich mich selber wähle, bewerte ich mich geringer. Ich kann keinen bewerten.« Dem Räuberhauptmann verschlug diese Antwort die Sprache, und schließlich nahm er keinen als Geisel.

Sechstens *sanft* und *milde* allen Lebewesen gegenüber:

das heißt, nicht aggressiv. Seit wir nicht mehr in Höhlen leben und mit Keulen aufeinander losgehen, toben wir unsere Aggressivität eher in Worten als in Tätlichkeiten aus, vor allem aber in Gedanken. Folglich muss sich Milde erst einmal in den Gedanken einnisten, um sich dann im Sprechen und Handeln kundzutun. Der Geist muss milde sein, und das heißt: keinem Wesen Harm zufügen, ob Mensch oder Tier oder Pflanze – auch sich selber nicht. Man fügt sich selber nämlich sehr viel Harm zu, wenn man Negatives in sich hereinlässt, wenn man stolz ist, in irgendeiner Weise aggressiv, voller Ablehnung, Widerstand und Unfrieden. Und das ist zu spüren.

Siebtens leicht *befriedigt*:

Zufrieden sein, das deutsche Wort macht es sinnfällig, führt zum Frieden. Es gibt kaum einen Menschen, der restlos zufrieden ist, jeder trägt sein Päckchen *dukkha*[4] mit sich und hält auch noch daran fest, ist irgendwie mit seinem *dukkha* verhakt. Es gibt ihm Ich-Bestätigung: »Das ist mein Problem, mit dem bin ich wenigstens etwas interessanter, ohne Problem bin ich zu unscheinbar!«

Dazu eine nicht buddhistische Anekdote: Bei einem Erdbeben kamen viele Menschen ums Leben und erschienen nun vor den himmlischen Toren. Petrus ließ sie ein und forderte sie auf, es sich recht gemütlich zu machen, jeder solle sein Sorgenpäckchen vor sich hinstellen und sich wohlfühlen. Sorgen brauche man hier oben nicht mit sich herumzutragen. Er komme gleich wieder und werde dann jedem seinen Platz zuweisen. Er holte das große Buch, in dem ein jeder drinsteht, warf einen Blick

---

[4] Leid

hinein – und fing an, Entschuldigungen zu stottern: Sie alle seien aus Versehen in den Himmel gekommen, es sei noch gar nicht ihre Zeit, er müsse sie leider, leider wieder auf die Erde schicken. Aber da sie nun diese Ungelegenheiten gehabt hätten, stelle er ihnen frei, einfach irgendeines dieser Sorgenpäckchen mitzunehmen, es brauche nicht das eigene zu sein. Aber alle nahmen ihr eigenes wieder mit. »Gehört mir! Ist meines!«

Zum Zufriedensein gehört, dass man versteht loszulassen. So wie es ist, ist es, und schwierige Situationen treten nur auf, weil wir sie als Prüfung brauchen; hätten wir unsere Lektion schon gelernt, wären wir gar nicht in sie hineingeraten. »Leicht zufrieden zu stellen« bedeutet das innere Gefühl von Zufriedenheit und die Anspruchslosigkeit gegenüber äußeren Umständen. Wir müssen zum Beispiel nicht unbedingt und überall so wohnen, essen, arbeiten, reisen, wie wir es gewohnt sind. Sehr viele Menschen sind von äußeren Umständen bis zur Unbeweglichkeit abhängig; sie gehen gar nicht erst dorthin, wo sie ihren gewohnten Komfort nicht vorfinden würden.

Es bezieht sich ferner auf den Umgang mit Menschen; je weniger Vorurteile, Wünsche, Erwartungen einer hat, desto leichter ist er zufrieden zu stellen – einschließlich der Erwartungen an sich selber; am engsten muss ich schließlich mit mir zusammenleben. Und wenn wir mit diesem einen, den wir »Ich« nennen, keinen Frieden halten können – woher soll dann Frieden kommen? Das Wort »Frieden« wird ja für alle möglichen, sogar reaktionäre Demonstrationen benutzt und oft missbraucht. Wer will denn den Frieden? Der friedlose Mensch will den Frieden! Wenn er dem *Dhamma*[5)] folgt, dann wird er

---

5) Lehre des Buddha; das vom Buddha erkannte und verkündete Natur-Gesetz; die absolute Wahrheit.

Frieden finden. Und je mehr Frieden einer im eigenen Herzen hat, desto mehr Menschen um ihn herum kann er erreichen, desto weiter kann dieser Frieden ausstrahlen.

Eng zusammen mit *leicht zufrieden zu stellen* hängt achtens *bedürfnislos* sowie neuntens *genügsam*:

Wer leicht zufrieden zu stellen ist, begehrt weder neue Sachen noch neue Sinnesbefriedigungen, solange das, was er hat, seinen Zweck erfüllt. Er muss also auch nicht Zeit, Geld und Gedanken darauf verwenden, sich Neues zu beschaffen. Der Genügsame hat Achtung vor der Arbeit, die in einen Gegenstand hineingesteckt worden ist, und behandelt ihn respektvoll, bis er endgültig ausgedient hat.

Wir schneiden zum Beispiel aus unseren aufgetragenen Mönchs- und Nonnenroben noch verschiedene Tücher heraus, so auch eins zum Daraufsetzen. Wenn es dafür dann nicht mehr taugt, tut es noch als Fußlappen seinen Dienst. Man versucht in buddhistischen Klöstern alles bis zum Letzten zu verwenden.[6)]

Zehntens *nicht in zu viel Aktivitäten verwickelt:*

Sonst hat man keine Zeit für sich selber, keine Zeit für Meditation und Kontemplation und kann unmöglich Liebe im Herzen entwickeln und in sich selber Frieden finden. Aber viele haben Angst davor, mit sich allein zu sein, sich einmal wirklich kennen zu lernen. Ihre Ruhelosigkeit ist ein Zeichen dafür, dass sie keinen Frieden in sich gefunden haben, und müsste eigentlich ein Anstoß sein, ihn umso nachdrücklicher zu suchen, statt der Ruhelosigkeit nachzugeben. Sie kann sich auch als Kummer und Leid äußern, als Aggression und Widerstand. Für die Flucht in Aktivitäten gibt es im Eng-

---

6) Als die vier Dinge, die man wirklich braucht, nannte der Buddha Nahrung, Kleidung, ein Dach überm Kopf und, bei Krankheit, Medizin.

lischen ein treffendes Wort: »workaholic«. Wir nennen es »Arbeitssucht«.

Elftens *jemand, dessen Sinne beruhigt sind:*

Man will, was man mit den Sinnen wahrnimmt, nicht gleich besitzen, braucht nicht zu vergleichen, ob das, was man hat, minderwertiger ist als das, was man sieht, braucht sich nicht zu erregen, wie schön/gut oder wie scheußlich etwas aussieht, klingt, riecht, schmeckt, sich anfühlt. Die Sinne sind beruhigt, und Ruhe bedeutet Frieden, und Frieden bedeutet Glück.

Sehen ist übrigens die stärkste Sinnesfunktion; was wir sehen, macht uns am meisten zu schaffen. Das steckt auch hinter dem Anschauungsunterricht: Der Text dringt viel stärker ein, wenn er bebildert ist.

Zwölftens *klug, von klarem Verstand:*

Wir sind ja nicht von Natur aus klug oder dumm. Intelligenz kann man kultivieren. Ohne ein verstandesmäßiges Erfassen der Lehre wird sich keiner der Mühsal unterziehen, sie zu praktizieren. Intelligenz hilft uns, Dinge zu durchschauen. Und wenn wir verstehen, was mit uns los ist, haben wir schon den ersten Schritt zur Änderung getan.

Dreizehntens *nicht dreist, nicht angriffslustig:*

Auch Angriffslust hat ihren Ursprung in eines jeden Menschen Herz. Weil wir im eigenen Herzen unsicher sind, fühlen wir uns in Gefahr – in Ego-Gefahr. Das Ego fühlt sich so unsicher, weil es nichts anderes ist als eine Illusion und ständig Hilfen braucht, um sich auf den Beinen zu halten und Bestätigung zu finden. Bleibt das aus, fühlen wir uns gefährdet und reagieren zunächst mit Selbstverteidigung, und wenn das nichts nützt, mit Angriff. Diese Angriffslust, die unseren eigenen Frieden zunichte macht, kann nur durch Weisheit ausgemerzt werden. Bis dahin können wir sie wenigstens kontrollieren und vermindern, indem wir achtsam sind und immer wieder sehen, wie wenig sie uns hilft, im Gegenteil, wie sie uns jedesmal in eine noch gefährlichere Position hineindrängt. Denn wer angreift, muss damit rechnen, selber angegriffen zu werden. So geht es bei jedem Krieg. Und solange der Krieg im eigenen Herzen nicht ausgefochten und endlich der Frieden besiegelt ist, ist Frieden in der Welt eine wahnwitzige Illusion. Der Friede im Herzen ist jedem Individuum möglich und auch von vielen erreicht worden. Frieden in der Menschheit ist noch nie erreicht worden. Dass wir da etwas Neues schaffen könnten, ist unwahrscheinlich. Man darf nicht sagen »unmöglich«, das wäre zu stark, aber »unwahrscheinlich« kann man wohl sagen.

Der Buddha hat Angriffslust mit einer Krähe verglichen. In Asien sind Krähen sehr dreist. Wir haben auf unserer Insel in Sri Lanka Krähen, die den Katzen nicht nur das Futter stehlen, sondern gleich mitsamt dem Napf wegschleppen, und die Katze steht wehrlos daneben. – »Die Männer sind wie Krähen«, heißt es in diesem Gleichnis des Buddha, »sie schauen immer auf ihren eigenen Vorteil. Und die Frauen sind wie Schlingpflanzen, die suchen einen starken Baum, um den sie sich winden können, um Halt zu finden.« Beide müssen ihre Gepflogenheiten ablegen, um wachsen und eines Tages dem Leid entrinnen zu können.

Die vorletzte der fünfzehn Eigenschaften, die uns zum Herzensfrieden und damit zum Glück führen, ist, *die Gier zu bezähmen*, die, von den Sinnen geschürt, instinktiv hochkommt, und zu erkennen, dass alles Wollen Leiden bedeutet. Das Wollen kommt aus dem Gefühl der Unzufriedenheit. Nicht die Erfüllung unserer Wünsche und momentane Beruhigung der unruhigen Sinne bringt uns zum Frieden, sondern die Herzensläuterung und das Fallenlassen aller Wünsche, die unser Herz in Aufruhr halten.

Und die letzte ist schließlich, *sein Handeln an den fünf Tugendregeln* auszurichten.[7]

Wenn wir uns von den rund 17.500 Lehrreden des Buddha lediglich auf diese eine wirklich einlassen, können uns endgültiger Herzensfrieden und Geistesklarheit zuteil werden, die uns zum höchsten Heil führen. Sich auf diese Lehrrede einzulassen bedeutet, dass wir uns bemühen müssen, uns ihre Anleitungen einzuprägen und deren Bedeutung fürs eigene Leben zu erforschen und sie schließlich, nachdem wir sie als wahr erkannt haben, zu praktizieren.

Liebende-Güte-Meditation: Frieden einatmen, Liebe ausatmen

Bitte, lenken Sie Ihre Aufmerksamkeit auf den Atem, schließen Sie die Augen. Und nur noch atmen. Mit dem nächsten Atemzug atmen Sie Frieden ein und füllen sich ganz mit Frieden von Kopf bis Fuß, nur mit Frieden füllen. Nehmen Sie den Frieden irgendwoher, von der Natur, vom Mond, von der Sonne, von einem großen See, von den Wolken, von den Bäumen. Es hat nichts Platz in Ihnen als Frieden.

Beim nächsten Atemzug atmen Sie Liebe aus und umhüllen Sie sich mit einer weichen Wolke aus Liebe. Atmen Sie Frieden ein und Liebe aus. Füllen Sie sich mit Frieden und umhüllen Sie sich mit Liebe.

*

---

[7] 1. Kein Lebewesen töten.
2. Nichts nehmen, das einem nicht gegeben wurde.
3. Kein sexuelles Fehlverhalten begehen.
4. Nicht lügen.
5. Keine berauschenden Mittel nehmen.

Jetzt lassen Sie diesen Frieden zu dem Menschen gehen, der Ihnen am nächsten sitzt, füllen Sie ihn mit Frieden und umhüllen Sie ihn mit Liebe.

*

Jetzt lassen Sie diesen Frieden und diese Liebe zu allen gehen hier im Raum, damit Sie eins werden mit ihnen. Umhüllen Sie alle mit Liebe und füllen Sie alle mit Frieden. Umarmen Sie alle mit Liebe, so dass alle eingebettet sind in einer Wolke von Liebe.

*

Jetzt lassen Sie den Frieden zu Vater und Mutter gehen, ob sie noch am Leben oder schon gestorben sind. Füllen Sie sie mit Frieden und umhüllen Sie sie mit Liebe. Atmen Sie Frieden in sie hinein, von Herzen zu deren Herzen, und umhüllen Sie sie mit Liebe. Geben Sie diese Liebesgabe, um sie glücklich zu machen.

*

Jetzt denken Sie an die Menschen, die Ihnen am nächsten stehen, mit denen Sie zusammenleben oder die Ihnen am liebsten sind. Lassen Sie Frieden und Liebe zu diesen Menschen gehen. Erwarten Sie nicht, dass diese Liebe zurückgegeben wird. Geben Sie nur, ohne etwas zu erwarten.

*

Jetzt denken Sie an all Ihre guten Freunde, füllen Sie diese mit Frieden und umhüllen Sie sie mit einer Wolke aus Liebe. Nehmen Sie sich fest vor, dass sie wirklich diese Liebe fühlen, zeigen Sie ihnen, dass sie wirklich geliebt sind.

*

Jetzt denken Sie an all die Menschen, die Sie kennen, die Sie irgendwann und irgendwo kennen gelernt haben. An Ihre Nachbarn, an Ihre Arbeitskollegen oder an die, die Sie irgendwann getroffen haben. Machen Sie alle diese Menschen zu Ihren Freunden. Umhüllen Sie sie mit Liebe und füllen Sie sie mit Frieden. Nehmen Sie sie wirklich in Ihr Herz. Es gibt keine Fremden, es gibt nur fehlende Liebe.

*

Jetzt denken Sie an irgendeinen Menschen, mit dem Sie Schwierigkeiten gehabt haben. An jemanden, der Ihnen nicht liebenswert erscheint. Seien Sie sich klar darüber, dass es sich hierbei nur um Ihre Reaktionen handelt. Auch diesen Menschen mit Frieden füllen und mit Liebe umhüllen. Auch diese Menschen suchen ihr Glück, wie jeder andere auch. Auch sie leiden wie jeder andere.

*

Jetzt denken Sie an all die vielen, vielen Menschen, deren Leben viel schwieriger ist als unseres. Die krank sind, die im Krankenhaus sind, die im Flüchtlingslager sind, in Ländern, wo Krieg und Unterdrückung herrschen, an die Hungrigen, die Verfolgten, die Blinden, die Obdachlosen, unzählige Menschen, öffnen Sie Ihr Herz ganz weit, dass sie alle hineinpassen, als ein Teil Ihres eigenen Lebens. Versuchen Sie ihnen Frieden und Liebe zu geben und sehen Sie, dass wir alle zusammengehören.

*

Jetzt denken Sie an alle Lebewesen, die diesen Erdball bevölkern, auf dem Land, im Wasser, in der Luft. So klein wie Ameisen, so groß wie Elefanten und alle Lebenwesen dazwischen. Verschiedene Farben, Rassen, Formen, Sprachen, Glauben und Gebräuche, aber alle suchen nach dem Glück. Fühlen Sie sich einmal als Mitglied dieser Riesenfamilie. Haben Sie Gefühle der Zusammengehörigkeit mit all dem, was lebt auf diesem Erdball. Umarmen Sie alle mit Liebe, füllen Sie alle mit Frieden. Ermöglichen Sie das Einssein aller Kreaturen und Pflanzen.

*

Jetzt lenken Sie die Aufmerksamkeit wieder auf sich selber. Die Zufriedenheit, die von der rechten Anstrengung kommt, lassen Sie hochkommen, und lassen Sie alles zum Frieden werden. Das Glück, das vom Lieben kommt ohne anzuhaften, und die Freude, die vom Geben kommt, ohne etwas zu erwarten, lassen Sie hochkommen. Diese Gefühle in sich hochkommen lassen und sich damit ganz durchtränken. Mit Zufriedenheit, Glück und Freude. Beim nächsten Einatmen Frieden in sich einatmen, beim nächsten Ausatmen Liebe ausatmen und sich damit ganz umhüllen wie mit einer weichen Wolke. Frieden einatmen und sich damit füllen, Liebe ausatmen und sich damit umhüllen.

Mögen alle Wesen glücklich sein.

2. Mitgefühl (karunā)

Der zweite unserer vier Freunde ist Mitgefühl (*karunā*), sein ferner Feind, das liegt auf der Hand, ist Grausamkeit. Der nahe Feind ist abermals zum Verwechseln nahe: Mitleid.

Mitleid ist eine Gefühlsregung, bei der wir uns selber für intakt halten und überzeugt sind, nur der andere leide, und deshalb tut er uns Leid. Bei Mitgefühl dagegen wissen wir, was es heißt zu leiden, und können mitfühlen mit anderer Menschen Leid. Wir fühlen uns eins mit ihnen, unbekümmert darum, wer sie sind, welcher Hautfarbe, Herkunft, Nationalität, ob sie zu uns passen oder nicht, das Gleiche tun, denken und glauben wie wir – die kann man sowieso mit der Lupe suchen! Der tiefe Unterschied zwischen Menschen tritt erst auf, wenn einer den Noblen Achtfachen Pfad gegangen ist und für einen Augenblick *Nibbāna* gesehen hat, also – in buddhistischer Terminologie – ein »Nobler« geworden ist, im Gegensatz zum »Weltling«. Zwischen Weltlingen gibt es keinen wirklichen Unterschied, und der zwischen Weltling und Noblem ist auch insofern unerheblich, als jeder Weitling ja die Möglichkeit in sich hat, ein Nobler zu werden.

Aus Mitgefühl erwächst bedingungslose Liebe. Auch sie braucht natürlich das Verstehen, dass es in Wirklichkeit gar nicht »ich« und »du«, »wir« und »sie« gibt, sondern einfach nur menschliche Lebewesen, wie ich eines bin. Jegliche Entfremdung und Abgrenzung geschieht aus Angst. Sie ist nur zu überwinden, wenn wir immer weiter und tiefer ihrer Natur nachgehen und ergründen, woher sie rührt. Es steckt in jedem Menschen eine tiefe und irrationale Angst vor dem Tod. Irrational deshalb, weil wir Angst vor etwas haben, das in jedem Fall eintreten wird. Darum ist es so wichtig, sich mit dem Tod bekannt zu machen und anzufreunden und ihn so zu sehen, wie er wirklich ist.

Stellen Sie sich einmal vor, es gäbe keinen Tod, jemand garantierte Ihnen noch 5.000 Jahre irdischen Lebens. Würden Sie sich darüber freuen? Vermutlich nicht. Und doch hat jeder Angst vor dem Tod. Jeder! Wer von sich meint, er habe nur Angst vor dem Tod seiner Lieben, nicht vor seinem eigenen, stelle sich mitten auf eine Autobahn; man kann als gegeben annehmen, dass er dabei Todesangst empfinden würde. Diese Angst vor dem Tod zeigt sich in einer ständigen Angst vor kleinen Toden, nämlich den kleinen Toden des Ich, die wir alle kennen: dass unser Ich herabgemindert, nicht anerkannt, nicht geliebt und gelobt wird, nicht erwünscht ist, dass uns jemand beschimpft, kritisiert, zur Rede stellt, wegläuft – Angst, die uns dazu bringt, uns von den Menschen zurückzuziehen. Wir manövrieren uns in eine künstliche Vereinsamung hinein, in eine Leere, in der wir nicht einen einzigen Augenblick glücklich sein können, es sei denn, wir begnügten uns mit dem trügerischen Glück der Sinnesvergnügungen. Obwohl es uns selber unglücklich macht, lassen wir nicht davon ab, das zu tun, was alle Länder tun: Grenzen zu errichten und sie zu verteidigen, um uns zu schützen – Grenzen um den einen Einwohner »Ich«. Grenze bedeutet Waffen und scharfe Kontrollen davon, dass nur Befugte ins Land kommen. Und beim kleinsten Zwischenfall werden sofort Angriffsmaßnahmen getroffen, bis dahin heißen sie »Verteidigungsmaßnahmen«. Die Länder der Welt spiegeln die Menschen der Welt wider, so wie jeder Einzelne von uns die ganze Menschheit widerspiegelt. Wir verteidigen also unsere Grenzen, um uns, den Insassen, zu schützen. Aber wenn wir pausenlos mit Verteidigung befasst sind und diese Grenzen stets als unsere betrachten, sind wir nie mit Mitgefühl, Miterleben befasst. Zusammensein geschieht dann nie, wir sind immer allein. Unsere Abkapselung als fixe Idee zu erkennen, die uns daran hindert, glücklich zu sein, und an ihrer Beseitigung zu arbeiten, bringt mehr und mehr Mitgefühl. Aber es kommt nicht von selber, wir müssen wirklich an uns arbeiten.

Liebende Güte und Mitgefühl sind die beiden Empfindungen, an denen es im menschlichen Miteinander am meisten fehlt. Das heißt nun nicht, wir sollten Liebe und Mitgefühl mit dem Vorsatz entwickeln, andere zu beglücken, das wird dann die natürliche Folge sein; uns selber bringt es Glück und innere Stärke, die nicht mehr von außen bedingte Basis für Ruhe und Frieden. Solange Ruhe und Frieden jedoch davon abhängen, was andere Leute machen, oder von unseren schwankenden Gefühlen, solange sind wir in einem Sklavenverhältnis. Ein Sklave ist immer seinem Herrn ausgeliefert. Leider sind wir uns darüber im Allgemeinen gar nicht im Klaren. Wir sprechen von »Women's Lib«, von Frauenbefreiungsbewegung, und inzwischen auch schon von Männerbefreiungsbewegung; sprechen von Befreiung aus Gewalt-, Feudal-, totalitärer Herrschaft. Selbstverständlich ist es gut, wenn Gerechtigkeit herrscht. Aber Freiheit kommt davon nicht. Freiheit kann nur im eigenen Herzen sein. Wir sind erst dann frei, wenn wir ein Glück erleben, das unabhängig ist von dem, was um uns herum geschieht. Es ist noch nie einem Menschen gelungen, dass alles um ihn herum nach seinen Wünschen war. Das gibt es nicht! Auch der Buddha wurde angefeindet, verleumdet; Jesus gekreuzigt. Glück aber – und es gibt keinen, der es nicht sucht –, kann man finden: in der Herzensreinheit. Denn Liebe und Mitgefühl sind reine Empfindungen. Sie sind jedem möglich. Das meint der viel zitierte Ausspruch »Wir haben alle Buddha-Natur«. Ja, wir haben die Möglichkeit der Reinheit. Wir müssen uns nur darum bemühen. Dabei ist von großem Wert, ein Ideal vor Augen zu haben, an dem wir uns ausrichten können. Aber nicht anbeten! Das bringt nichts, es verleitet bloß dazu, weiter nichts zu tun. Dem Ideal dankbar sein, Respekt vor ihm haben, es lieben – das öffnet das Herz. Der Buddha als Ideal hat nur einen Sinn: den der Nachahmung.

Aus Mitgefühl mit den Göttern und Menschen hat der Buddha in den 45 Jahren seines erleuchteten Lebens Tag für Tag gelehrt, auch wenn er krank war. Rund 17.500 Lehrreden sind überliefert. Es heißt, er habe jeden Morgen das »Netz« seines Mitgefühls ausgeworfen, um darin einen Menschen zu »fangen«, dem er an diesem Tag helfen könnte. Gemeint ist seine Hellsicht, mit der er sehen konnte, wer seine Hilfe nicht nur brauchte, sondern aus ihr auch Nutzen ziehen würde. Oft war er dazu stundenlang unterwegs, und immer ging er zu Fuß, denn er wollte sein Gewicht nicht den Zugtieren aufbürden.

3. Mitfreude (muditā)

Sie ist das beste Gegenmittel gegen Depressionen. Wer oft depressiv oder missgestimmt ist, leidet in Wahrheit nur an der Unfähigkeit zur Mitfreude. Aber wir neigen ja dazu, den Grund für unser Leiden in den Umständen zu suchen, die uns entweder zustoßen oder mangeln. Natürlich wäre es töricht zu erwarten, dass wir selber pausenlos Erfreuliches erleben. Aber jeder kennt genügend Menschen oder hat die Chance, welche kennen zu lernen, mit den heutigen Kommunikationssystemen sogar weltweit, denen irgendetwas Freudiges widerfahren ist. Auch hier: Wenn wir die Grenzen fallen lassen zwischen uns und anderen und uns als Teil eines Ganzen fühlen, können wir, wie des anderen Leid, auch seine Freude als unsere eigene empfinden. Das verkleinert unser Ego.

In Nordostthailand besuchte ich einmal ein kleines Dorf; an

dessen Tempel ist eine besondere Glocke angebracht, die nur geläutet wird, wenn einer im Dorf etwas Erfreuliches erlebt hat, zum Beispiel eine gute Ernte, die Geburt eines Kindes, ein günstiges Geschäft, einer hat sein Dach neu gedeckt. Was immer es sein mag, worüber sich einer freut: Er geht diese Glocke läuten. Und alle Bewohner – es ist ein sehr kleines Dorf, jeder kann die Glocke hören – kommen aus ihren Häusern und sagen *sādhu! sādhu! sādhu!* das heißt *gut gemacht!* Derjenige, der die Glocke geläutet hat, hat gutes *Karma* gemacht, weil er den anderen Grund zur Mitfreude bot. Und die, die *sādhu* rufen, haben gleichfalls gutes *Karma* gemacht, weil sie sich mit ihm gefreut haben. Das ganze Dorf hat also Anteil an dem Glück, das einem von ihnen zufällt.

Hierzulande gibt es solche Glocken nicht. Wir müssen unsere eigenen Glocken läuten: uns erinnern. Und das ist auch die Funktion eines Lehrers: zu erinnern. Alles, was ich sage, weiß man sowieso; wäre dieses Wissen nicht in uns, stünde es uns so fern wie zum Beispiel eine Fremdsprache, die zu erlernen uns zu schwer vorkommt. Die Herzenssprache ist keine Fremdsprache. Die Herzenssprache ist jedem eigen, jeder kann sie verstehen, ganz gleich, welche andere Sprache er spricht. Aber wir müssen erinnert werden. In der Hitze des Gefechts vergessen wir immer all das, was wirklich wichtig ist. Weil wir nicht genügend Achtsamkeit haben. Achtsam sein heißt nicht nur, auf sich selber aufzupassen, sondern auch zu verstehen, was man mit sich anfangen soll.

Der ferne Feind der Mitfreude ist Neid; der nahe Feind Heuchelei. Sie ist üblich in unserer Gesellschaft. Wir sagen nicht immer, was wir denken, und bilden uns noch ein, wir seien glaubwürdig, der andere merke es nicht. Der merkt es sehr wohl! Man erkennt nämlich die Schwingungen, die einer »sendet«. Man muss es uns nicht eigens sagen, wir erfassen sofort, wenn jemand wütend ins Zimmer kommt; wir spüren, ob einer liebevoll neben uns sitzt oder ständig auf einem Ärger rumkaut. Nicht nur für andere, auch für uns selber ist unsere Heuchelei durchsichtig, wenn wir es nur wissen wollen; wir ertappen uns dann selber bei einer Lüge – wieder einmal waren wir nicht zuverlässig.

Nehmen wir einmal an, unser Nachbar habe den Hauptgewinn in der Lotterie gewonnen. Wir gehen ihm gratulieren, das gehört sich schließlich. Wir kommen an seiner Garage vorbei – zwei Mercedes und ein Boot, Donnerwetter! Kaum öffnet unser Nachbar die Wohnungstür, stechen uns nagelneue Möbel und kostbare Teppiche in die Augen. Neid steigt auf: »Der braucht das viele Geld doch gar nicht! Warum passiert mir sowas nie?« Dabei schütteln wir ihm die Hand und gratulieren ihm »herzlich« zu seinem großen Glück.

Ein Elefantentrainer klagte einmal dem Buddha: Wenn er es mit Elefanten zu tun habe, wisse er genau, was die vorhaben. Die Menschen aber, mit denen er es zu tun habe, machten das Gegenteil dessen, was sie sagen.

Der Buddha gab ihm Recht: »Der Elefant lebt körperlich im Dschungel, aber der Mensch lebt im geistigen Dschungel.«

4. Gleichmut (upekkhā)

Der ferne Feind von Gleichmut ist Unruhe, Sorge, Aufregung. Beim nahen Feind aber ist der Unterschied sehr schwer zu erkennen; es ist die Gleichgültigkeit. Sie ist genau das Gegenteil von Gleichmut. Sie kennt weder Liebe noch Mitgefühl, sondern verstärkt die Grenzpfosten, den Stacheldrahtverhau um unser Ich: »Mir ist ganz egal, was ringsum passiert, ich will es gar nicht erst wissen, lasst mich in Ruhe, stört mich nicht!« Der

Gleichgültige hat keine Empfindung dafür, Teil eines Ganzen zu sein. In Gleichgültigkeit steckt Kälte, aber auch Härte. Denn wer sich ängstlich vor allem hütet, das ihn ins Herz treffen und ihm weh tun könnte, muss verhärten. Gleichmut bedeutet aber nicht Unterdrückung unserer Gefühle; dann lernten wir sie ja nicht kennen, würden uns innerlich verkrampfen und wären unfähig zu lieben. Gleichmut unterdrückt die Gefühle nicht, aber er drückt sie auch nicht aus. Er erkennt sie und weiß dank dem inneren Klarblick sofort, dass er ihnen nicht mit Widerstand, Unruhe, Anhaften oder Leidenschaft antworten muss. Gleichmut ist die durch Übung erworbene Fähigkeit, auf Gefühle mit Weisheit und Verständnis zu reagieren. Er beruht auf der durch Meditation gewonnenen Einsicht, dass nichts so bleibt, wie es ist, es sich also gar nicht lohnt und sinnlos ist, sich aufzuregen. Das bedeutet nicht, unsere Urteilskraft einzubüßen, im Gegenteil, sie wächst mit dem Gleichmut. Ohne Gleichmut sind wir unser eigener Feind; ob wir nach außen oder lediglich im Inneren negativ reagieren: Wir schaden uns selber, machen uns selber unglücklich.

Gleichmut glättet die Wogen in unserem Inneren, die uns abwechselnd in die Höhe heben – »himmelhoch jauchzend« – und in die Tiefe stürzen lassen – »zu Tode betrübt«. »Glücklich allein ... .«[8] ist der Mensch, der das erfährt, wahrlich nicht. Denn dieses Auf und Nieder wie auf einer Wippe gibt ein Gefühl von Unsicherheit: Man weiß ja, dass jedem Auf ein Ab folgt und dass es weh tut, wenn die Wippe wieder auf den harten Boden aufschlägt. Gleichmut hält uns in der Mitte, wo es weder hinauf noch herunter geht. Das heißt nun nicht, er wäre freudlos, im Gegenteil; er ist begleitet von einer steten

---

[8] »... ist die Seele, die liebt.« (Aus: Johann Wolfgang von Goethe, Egmont, Klärchens Lied).

inneren Freude, die keine Wellen schlägt, sondern Wärme verbreitet, eine wohlige innere Wärme.[9)]

Liebende Güte, Mitgefühl, Mitfreude und Gleichmut sind die einzigen Gefühle, die uns nützen und helfen und die wir kultivieren müssen. Wenn wir sie zur Basis unseres Lebens machen, können wir alle anderen Emotionen leicht loswerden, denn die sind samt und sonders nichts anderes als Störenfriede: Sie stören unseren Herzensfrieden.

[9)] Gleichmut wird im Zusammenhang der Zehn Vollkommenheiten noch einmal aufgegriffen; vgl. Seite 98ff.

II

Karma[1] und Wiedergeburt

Das Thema »Karma und Wiedergeburt« erfreut sich besonders bei intellektuellen Buddhisten großer Beliebtheit. Viele Menschen meinen, es lasse sich abstrakt abhandeln und habe mit ihrem täglichen Leben nichts zu tun. Aber da irren sie sich. Alles, was der Buddha gelehrt hat, betrifft uns ganz persönlich aufs Tiefste.

Die Lehre von *Karma* und Wiedergeburt stammt nicht vom Buddha; er hat sie aus den Veden übernommen, nachdem er selbst sie als richtig erkannt hatte. Aber er hat sie viel detaillierter und auch etwas anders erklärt als damals in Indien üblich, wo zwei Versionen im Umlauf waren: Die einen Lehrer setzten *Karma* mit Schicksal gleich: Man könne nichts daran ändern, so wie es sei, müsse man es hinnehmen, und alles sei schon vorherbestimmt. Die anderen behaupteten, es sei ganz egal, was man mache, es entstünden daraus sowieso keine Folgen. Der Buddha erkannte beide Dogmen als gefährlich falsch.

Er lehrte den Zusammenhang von Ursache und Wirkung. »*Karma*, ihr Mönche, erkläre ich, sind die Absichten.« *Karma* kann wörtlich mit »Taten« übersetzt werden. Aber es sind die Absichten – das, was wir absichtlich denken, sprechen, tun –,

---

[1] Sanskrit: *Karma*, Pāli: *Kamma*. Hier wird ausnahmsweise der Sanskrit-Ausdruck benutzt, weil er sich im Deutschen bereits eingebürgert hat.

die entsprechende Wirkungen zur Folge haben, je nachdem gute, mittelmäßige, schlechte oder neutrale. Sich hinzusetzen und zu meditieren zum Beispiel bringt wegen der guten Absicht gutes *Karma*, unabhängig davon, ob Konzentration aufkommt oder nicht. Oft genug sind wir uns über die wahren Motive unseres Handelns gar nicht im Klaren, trotzdem ist uns die Wirkung sicher. *Karma* ist etwas, das jeden in jedem Augenblick seines Lebens betrifft. Unser bisheriges *Karma* hat uns zwar zu einem bestimmten Punkt im Leben gebracht, aber jeden Moment haben wir von Neuem die Wahl, und die wiederum bringt unser neues *Karma*. Dank unseres *Karma* hatten wir überhaupt die Wahl, zu diesem Meditationskurs zu kommen oder nicht. Weit mehr Menschen wussten gar nichts davon, es war also nicht *ihr Karma*, vor dieser Wahl zu stehen. Dass wir gekommen sind, war gutes *Karma*. Jetzt, da wir hier sind, können wir wählen, ob wir bei der Meditation Zukunftsträumen oder Erinnerungen nachhängen oder den festen Entschluss fassen, uns zu konzentrieren. Wir können die Lehre, die wir hören, an uns vorbeiplätschern lassen oder aber uns bemühen, sie zu verstehen, ihr zu vertrauen, sie uns zu merken, tiefer in sie einzudringen, um am Ende ihr gemäß zu leben. Mit anderen Worten: Wir haben freie Wahl innerhalb der Grenzen unseres vorhergehenden *Karma*, also aufgrund der Möglichkeiten, die wir uns selber geschaffen haben. Jede richtige, gute Wahl bringt weitere Öffnungen, größere Möglichkeiten. Es ist, als wohnten wir in einem Haus mit vielen Türen und Fenstern. Wenn wir die richtige Wahl treffen, können wir durch viele Fenster hinausschauen und durch viele Türen hinausgehen. Wenn wir eine schlechte Wahl treffen, landen wir womöglich eines Tages in einer Gefängniszelle und müssen untätig abwarten, bis man uns hinauslässt. Das ist im übertragenen Sinne, unter Umständen aber auch ganz wörtlich zu verstehen. Wir wundern uns, wieso es manche Menschen so leicht haben, in der Welt herumzukommen, interessante Bekanntschaften zu machen, Außergewöhnliches zu erleben; und andere sitzen nur zu Hause und fühlen sich eingeengt. Das alles hat mit *Karma* zu tun. Es bedarf großer Achtsamkeit, unter der Fülle unserer Möglichkeiten, die zudem ständig zunimmt, immer gut zu wählen. Wir müssen jeden Augenblick auf der Hut sein. Nicht nur, wenn große Entscheidungen anstehen.

Es gibt natürlich auch neutrales *Karma*. Ob Sie sich ein grünes oder blaues Kleid kaufen, eine Wand rot oder gelb anpinseln, hat vermutlich keine nennenswerten Folgen. Zu mehr oder minder schwer wiegenden Ergebnissen führt alles, was Einfluss auf unser Leben hat, und am schwersten wiegen unsere stärksten Taten, zum Beispiel jemanden töten oder ein Kloster gründen.

In buddhistischen Ländern wird oft Gutes getan um der guten Folgen willen. Man spendet zum Beispiel einem Waisenhaus in der Hoffnung auf eine gute Wiedergeburt. Obwohl das, weil immer noch ich-bezogen, nicht der ideale Grund ist, ist es tausend-, ja hunderttausendmal besser, als die Tat bleiben zu lassen. Gutes nicht zu tun und darauf zu warten, dass einem eines Tages Großzügigkeit von selber zuwachse, ist genauso verfehlt wie abzuwarten, bis man eines schönen Morgens mit einem Herzen voll Liebe aufwache. Es bedarf eines Entschlusses. Die ideale Weise ist natürlich, Gutes zu tun um des Guten willen. Dazu sind aber die wenigsten Menschen imstande. Deshalb müssen wir unser eigener Behüter sein, durch Achtsamkeit auf die Gedanken. Wir machen *Karma* durch unsere drei »Tore«, die drei Möglichkeiten, mit unserer Umwelt in Kontakt zu treten: unsere Gedanken, Worte und Taten. Die Taten sind zwar das stärkste, aber sie werden von den Gedanken geleitet; auf die müssen wir also am meisten aufpassen. Wenn uns der Gedanke schon entschwunden ist, dann auf die Worte und zuletzt auf die Tat.

Wer zum Beispiel in seiner Wut denkt: »Wenn dieser Mensch mir noch einmal in die Nähe kommt, bring ich ihn um! Ich kann ihn nicht ausstehen!« und es bei diesem einen Gedanken belässt, hat zwar schlechtes *Karma* des Gedankens gemacht, aber die Wirkung ist nicht weiter schlimm. Anders freilich, wenn er die Beherrschung verliert, öfters und öfters und schließlich aus Gewohnheit so denkt. Hat er diesen Gedanken nicht nur, sondern spricht ihn vor Zeugen auch aus, hat er schon viel stärkeres *Karma* gemacht, denn er hat den Gedanken durch Worte bestätigt, und andere wurden gewahr, was er im Sinn hat. Lässt er jetzt aber auf Gedanken und Worte die Tat folgen, dann zeigt sich die Wirkung sofort: Er kommt ins Gefängnis.

Bei großen Dingen dauert es oft lange, bis das ganze Maß ihrer Auswirkungen zutage tritt, einer sehr langsam wachsenden Pflanze vergleichbar. Bei kleinen Dingen bekommt man die Folgen sofort zu spüren. Ob Sie sich mit jemandem zanken oder ihm in Liebe begegnen – auf der Stelle fühlen Sie sich elend oder gut; das ist sozusagen »Instant-*Karma*«. Da unser Leben ja nicht aus wenigen schwergewichtigen Ereignissen besteht, vielmehr aus einer Unzahl kleiner Handlungen, sind sie es, auf die wir besonders aufpassen müssen. Sie sind das Erbe, das wir antreten, Sekunde für Sekunde. Dass Milliarden und Abermilliarden winziger Momente unser Leben ausmachen, entgeht den meisten Menschen. Sie lassen sie ungenutzt verstreichen oder reagieren instinktiv.

Wenn wir einmal das Gesetz des *Karma* – das ein Naturgesetz ist, dem jeder unterworfen ist –, nicht lediglich für eine interessante östliche Lehre halten, sondern in uns aufnehmen als etwas, das uns zutiefst betrifft, werden wir wohl von selbst vorsichtiger in unserem Denken, Sprechen und Handeln.

Was wir gewohnheitsmäßig denken, wird zu unserem Charakter. Und wie unser Charakter sich bildet, so machen wir *Karma* und so sind die Wirkungen, die wir im Leben erwarten können. Deshalb ist es so wichtig, immer und immer wieder liebende Güte in die Gedanken zu bringen, unabhängig davon, ob man konkret jemanden liebt oder nicht. Es gibt uns die Möglichkeit, unsere Gedanken- und Gefühlswelt umzuformen.

Stellen Sie sich vor, auf einem aufgeweichten Feldweg fahre ein Traktor hin und her, immer in derselben Spur. Jedesmal sinkt er ein bisschen tiefer ein, bis er schließlich im Schlamm stecken bleibt. Damit vergleichbar sind die Furchen in unserer Gedankenwelt. Wir sagen ja auch, jemand sei »festgefahren« in seinem Denken, seinen Meinungen. Die Lehre des Buddha und die Meditation verhelfen uns dazu, neu zu denken, anders als gewohnt zu denken und uns aus den engen Gängen althergebrachten Denkens herauszuarbeiten.

Karma bezieht sich also nicht, wie es fälschlicherweise oft verstanden wird, lediglich auf die vorhergehende und künftige Existenz. Es stimmt zwar, dass wir etwas mitbringen, und es stimmt auch, dass wir etwas mitnehmen. Am meisten aber berührt uns das *Karma*, das in diesem Leben geschieht. Die meisten Auswirkungen, die wir in diesem Leben zu spüren bekommen, stammen ohne Frage von Absichten, die wir in diesem Leben hatten. Wir brauchen uns also nicht, wie es inzwischen Mode geworden ist, über vergangene Leben den Kopf zu zerbrechen. Wir haben mit diesem gegenwärtigen Leben vollauf genug zu tun, ja sogar mehr, als viele verkraften können. Der Grund, warum frühere Leben unserem Gedächtnis im Allgemeinen nicht zugänglich sind, ist der, dass wir absichtlich vergessen. Wir haben genug *dukkha* in diesem Leben; noch das *dukkha* früherer Leben dazu zu wissen, wäre ein bisschen viel.

Wir brauchen nur auf unser bisheriges Dasein zurückzublicken, um ganz deutlich zu sehen: War bei großen, wichtigen Entscheidungen der Entschluss gut, war es das Ergebnis auch und umgekehrt. Ein jeder Entschluss, der sich im Nachhinein als nicht heilsam erweist, ist nicht mehr und nicht weniger als eine Lehre fürs nächste Mal. Es hat keinen Sinn, darüber nachzugrübeln und sich dafür zu tadeln. Denn, so sagt der Buddha, der Mensch, der das *Karma* gemacht hat, ist nicht derselbe, der die Resultate bekommt, aber auch kein ganz anderer. Es ist wie bei einem Fluss; Baumstämme, die irgendwo hineingeworfen werden, treiben auf demselben Fluss bis zur Mündung; aber man kann nicht sagen, sie seien noch an derselben Stelle und berührten noch dasselbe Wasser wie beim Hineinwerfen; sie schwimmen ja im Fluss. Und der kann überhaupt nur »Fluss« genannt werden, weil er ständig fließt, sonst wäre es ein Binnengewässer. Genauso wir. Nur weil sich ständig alles in uns ändert, können wir »Mensch« genannt werden, sonst wären wir ein menschlicher Leichnam. Also kann unmöglich derselbe Mensch, der das *Karma* gemacht hat, auch das *Karma*-Resultat bekommen und derselbe Mensch wiedergeboren werden. Was wiedergeboren wird, sind die *Karma*-Resultate. Und der Mensch, der sie bekommt, ist jener Stelle im Fluss vergleichbar, an der ein Stück Holz – weil es hineingeworfen wurde – angekommen ist.

Karma ist ein vollkommen unpersönlicher Prozess. Es hat Kontinuität, aber keine Individualität: Wie ein roter Faden läuft *Karma* durch unser jetziges und die vergangenen und zukünftigen Leben.

Ich bin der Eigentümer meines *Karma*[2], das heißt: seiner Resultate. Und das bedeutet: Ich muss die volle Verantwortung für mich übernehmen, darf meine Defekte nicht anderen Menschen oder den Umständen ankreiden. Zweifellos ist es viel bequemer, die Schuld außen abzuladen – »die schwere Jugend, die lieblosen Eltern, der schwierige Partner, die harten Zeiten, Sorgen im Geschäft, die Regierung, das Wetter ...« –, statt innen genau hinzuschauen. Die Eltern für unsere Schwierigkeiten verantwortlich zu machen, ist ein Zeichen von Blindheit, denn nicht sie haben uns, wir haben sie gewählt. Unser eigenes *Karma* bestimmt, wohin wir in unserer Geburt kommen, wir suchen uns den Platz aus: Wir werden von unserem *Karma* geboren. Das besagt ferner, dass wir es unserem *Karma* zu verdanken haben, wenn wir als Mensch geboren werden – was eine erstklassige Geburt ist! Leider sind die wenigsten imstande, dieses seltene Privileg zu erkennen und zu würdigen.

Als der Buddha einmal mit seinen Mönchen am Meeresufer spazieren ging, gab er ihnen folgendes Gleichnis: »Stellt euch vor, ihr Mönche, dass eine blinde Schildkröte in allen Weltmeeren umherschwimmt, desgleichen ein hölzernes Joch. Diese blinde Schildkröte kommt alle hundert Jahre nur ein einziges Mal an die Oberfläche, um Luft zu schnappen. Haltet ihr es für möglich, dass sie jemals ihren Kopf durch das hölzerne Joch stecken wird?« – »Nein, Herr, das ist ganz unmöglich! Ganz

---

[2] Die erste der täglichen Betrachtungen zu *Karma*:

1. Ich bin der Eigentümer meines *Karma*.
2. Ich bin der Erbe meines *Karma*.
3. Ich bin aus meinem *Karma* geboren.
4. Ich bin mit meinem *Karma* eng verknüpft.
5. Ob ich gutes oder schlechtes *Karma* mache, dessen Erbe werde ich sein.

ausgeschlossen ist es, dass die beiden einmal zur selben Zeit an derselben Stelle sein sollten.« – »Unmöglich ist es nicht, ihr Mönche; es ist unwahrscheinlich, aber nicht unmöglich. Und dieselbe Unwahrscheinlichkeit besteht für die Wiedergeburt als Mensch.«

Nun gar als ein Mensch geboren zu werden, dessen Glieder und Sinne intakt sind und der nach dem Guten sucht, nannte der Buddha eine der sechs Seltenheiten, die es auf der Welt gibt.

Wenn wir also meditieren und uns bemühen, die Buddha-Lehre zu verstehen, ist wohl anzunehmen, dass wir nach dem Guten suchen. Wir gehören also zu einer winzigen Minorität von Menschen, die sich auf eine Stufe emporgearbeitet haben, die nicht nur Privilegien, sondern auch Verantwortung bedeutet. Unser Privileg ist, nicht hungern und frieren zu müssen, von fundamentaler Existenznot befreit zu sein – eine große Seltenheit auf diesem Erdball, auf dem die Mehrzahl aller Menschen ums nackte Überleben kämpfen muss. Unsere Pflicht ist es, wirklich den Weg des Guten zu gehen und die Naturgesetze – in diesem Fall das Naturgesetz des *Karma* – als unsere eigenen anzunehmen. Jeder, der den Weg des Guten geht, hilft dadurch anderen. Aber wir können anderen erst dann helfen, wenn wir uns selber geholfen haben. Das Gute in der Welt hält sich mit dem Bösen ungefähr die Waage, mal überwiegt das eine, mal das andere. So wie wir mit uns umgehen, so geht auch die Welt mit uns um.

Karma kann zwar nie gelöscht werden, aber es kommt unter Umständen nicht zur Auswirkung, weil wir ihm keine Chance dazu bieten. Haben wir zum Beispiel weit zurückliegendes schlechtes *Karma*, wandeln aber unsere Lebensweise ganz zum Guten, dann kann es sein, dass das alte schlechte *Karma* einfach ohne Wirkung abstirbt; es verjährt.

Wer seine Abende in Kneipen zubringt, gerät dort möglicherweise einmal in eine Schlägerei. War er in einem früheren Leben selber gewalttätig, wird er in diesem vielleicht das Opfer.

Wenn er in solchem Milieu gar nicht erst verkehrt, sondern, um den Gegenfall anzunehmen, in einem Kloster lebt, ist es höchst unwahrscheinlich, dass ihm dort einer mit der Bierflasche den Kopf einhaut, also das alte *Karma* zum Tragen kommt.

Karma gehört zu den vier Bereichen,[3] die der Buddha nicht vollständig erklärt hat: Es sei zu verzwickt, als dass wir es mit unserem unzulänglichen Geist erfassen könnten, sei so verwoben wie ein Spinnennetz, bei dem sich auch weder Anfang noch Ende erkennen ließen. Wenn wir einmal den Geist so erzogen haben, dass er erleuchtet ist, werden wir es wissen.

Der Buddha, als vollkommen Erleuchteter, konnte das *Karma* anderer Menschen erkennen, das sie in ihre gegenwärtige Situation gebracht hat, und auch die Auswirkungen auf ein weiteres Leben.

Ich möchte Ihnen dazu die Geschichte von *Mallikā*[4] erzählen: Sie war die Tochter eines Blumenbinders und Girlandenflechters, stammte also aus einer ganz niederen und armen Kaste. Eines Tages war sie mit zwei Freundinnen im Blumengarten vor dem Stadttor verabredet, um für ihren Vater Blumen für seine Girlanden zu holen. Jede nahm sich ihr Mittagessen mit, aber mehr als ein bisschen Reisbrei war es für Mallikā nicht. Unterwegs begegnete sie einem Mönch von so eindrucksvoller Gestalt und so strahlendem Gesicht, dass

---

[3] Die anderen drei sind: der Anfang des Universums. Der Einfluss eines Buddha. Der Einfluss eines Menschen in voller meditativer Vertiefung.

[4] Nach dem Dhammapada-Kommentar.

sie nicht anders konnte, als den Reis, ihre einzige Nahrung für diesen Tag, in seine Almosenschale zu geben. Der Mönch ging weiter und lächelte. Dieser Mönch war der Buddha, das wusste Mallikā aber nicht. Hinter ihm ging Ānanda, sein Vetter und Betreuer. Er wusste, dass ein Erleuchteter nicht ohne Grund lächelt, und fragte ihn: »Herr, wieso lächelst du?« – »Mallikā wird morgen Königin dieses Landes.« Ānanda stutzte: »Du musst dich irren, Herr, sie kommt aus einer ganz niederen Kaste, sie ist die Tochter eines Blumenbinders. Es ist unmöglich!«

»Du wirst sehen, Ānanda. Warte nur ab. Sie hat eine Gabe gegeben aus ihrem Herzen; und sie gab alles, was sie hatte. Davon kommen große Resultate.«

Mallikā hatte inzwischen den Blumengarten erreicht. Glück über ihre Gabe erfüllte ihr das Herz, und sie fing an zu singen. Wie sie da so zwischen den Blumen saß und sang, kam der König Pasenadi, sein Pferd am Zügel führend, in den Garten, allein und ganz niedergeschlagen, denn er hatte gerade eine Schlacht verloren. Da hörte er die schöne Stimme und ging ihr nach … und verliebte sich auf den ersten Blick in Mallikā. Er fragte sie nach ihrem Namen und ob sie verheiratet sei und schließlich, ob sie seine Frau werden wolle. Sie willigte ein, und so ritt er mit ihr nach Hause zu seinen Eltern, und am nächsten Tag wurde Hochzeit gefeiert. Die wundersame Begebenheit sprach sich in dem kleinen Land – die Königreiche waren damals alle recht klein, eher Herzogtümern vergleichbar – schnell herum, und prompt versuchten alle Leute, auch Gaben zu geben – da es doch offensichtlich zu solch traumhaften Wirkungen führen konnte.

Mallikā war nicht nur eine sehr schöne, sondern auch kluge Frau und auf das Wohl ihrer Landeskinder bedacht. Eines Tages ging sie zum Buddha; sie denke schon lange vergeblich über etwas nach, das sie ihn nun fragen wolle:

In diesem Land, in dem sie versuche, den Menschen durch soziale Einrichtungen das Leben leichter zu machen, treffe sie viele Frauen, und alle seien ganz verschieden voneinander, obwohl sie zur gleichen Zeit am gleichen Ort lebten. Manche nämlich seien schön, klug, reich und gesund; manche hässlich, klug, reich und gesund; andere hässlich, dumm, reich und gesund; wieder andere hässlich, dumm, arm und gesund; und einige seien sogar hässlich und dumm und arm und krank. Sie finde keine Erklärung dafür. Der Buddha antwortete ihr mit der so genannten Formel für die *Karma*-Folgen:

»Wer schön sein will, muss den Ärger fallen lassen und liebende Güte in sich tragen, denn Ärger macht hässlich. Wer reich sein will, muss großzügig sein; je mehr einer weggibt, desto mehr bekommt er. Wer klug sein will, muss fragen: wieso? warum?, nicht einfach glauben. Wer gesund sein will, darf keinem Lebewesen weh tun. Und wer lange leben will, darf keine Lebewesen töten.«

Damit war Mallikā zufrieden, und mit dieser Generalerklärung müssen auch wir uns zufrieden geben. Es gibt natürlich dazwischen noch viele Nuancen, aber die müssen wir selber ergänzen.

Zeuge einer ungewöhnlichen Begebenheit wurde ein Mönch, den ich sehr gut kenne und der glaubwürdig ist, bei seinem Aufenthalt in Kalimpong in Nordindien, nahe der Grenze zu Bhutan und Sikkim. Er lernte dort einen Mann kennen, der auffallend starkes Interesse für die Buddha-Lehre zeigte, obwohl in der Gegend fast nur Hindus leben. Über Wiedergeburt quetschte er den Mönch förmlich aus, was dem dann doch seltsam vorkam, und so erkundigte er sich nach dem Grund und erfuhr Folgendes: Der Vater dieses Mannes war, über fünfzig Jahre lang, Schweineschlächter gewesen. An seinem 70. Geburtstag wollte er die Metzgerei seinem ältesten Sohn übergeben. An diesem Tag kam er nach Hause, stieß den Esstisch um, so dass die Speisen zu Boden fielen, ließ sich auf alle viere nieder und leckte das Essen auf. Von dem Tag an sprach er nie mehr ein Wort, sondern grunzte nur, lief nur noch auf allen vieren, hockte die meiste Zeit hinter dem Ofen – in Nordindien ist es sehr kalt –, machte mitten in die Stube und benahm sich in jeder Hinsicht wie ein Schwein. Nach sieben Tagen war er tot.

Ein ganz seltsamer Fall, an dem man vielleicht eine Wiedergeburt noch vor dem Zerfall des gegenwärtigen Körpers erkennen kann.

Der Buddha hat unseren allerletzten Gedanken als äußerst wichtig für die Wiedergeburt erklärt und das am Gleichnis von einer Kuhherde veranschaulicht:

Eine Herde Kühe hat den ganzen Winter im Stall zugebracht. Wenn sich dann eines Tages die Stalltür öffnet, drängt als erste die allerkräftigste Kuh hinaus. Wenn keine da ist, die kräftiger ist als die anderen, geht zuerst die hinaus, die gewöhnlich die Herde anführt; hat die Herde keine Leitkuh, dann die, die der Tür am nächsten steht. Ist auch das nicht der Fall, drängeln alle auf einmal hinaus.

Gemeint sind die letzten Gedanken. Das stärkste, was wir in diesem Leben gemacht haben, kommt als letzter Gedanke hoch. Darum Vorsicht! Wenn nichts dieser Art existiert, dann das gewohnheitsmäßige Denken. War es von Liebe, Güte, Frieden bestimmt, ist das auch unser letzter Gedanke. Andernfalls der, der als letzter gedacht wird. Das ist der Grund dafür, dass im buddhistischen und auch im katholischen Glauben Sterbenden religiöser Beistand gewährt wird, zum Beispiel durch Gesänge, Gespräche, rituelle Handlungen. Das Hörvermögen schwindet als allerletztes. Im Buddhistischen wird einem Sterbenden durch Rezitationen die Verehrung des *Buddha*, des *Dhamma* und der *Sangha*[5] ins Gedächtnis gerufen – in der Hoffnung, das werde dann seine letzte Erinnerung sein.

Trifft das alles nicht zu, geht es in den Gedanken drunter und drüber.

Wie beim abendlichen Schlafengehen auch, ist unser letzter Gedanke vorm Einschlafen beim Aufwachen der erste. Beim Tod führt er uns als Bewusstsein in den passenden Mutterleib, wenn wir wieder ein Mensch werden. Er ist sozusagen der Pfeil, der Wegweiser, der die Richtung anzeigt, wohin wir kommen, den Ort und die Art der Wiedergeburt.

Wenn sich ein Mensch auf dem spirituellen Pfad schon sehr weit entwickelt hat, liegt im Allgemeinen eine längere Zeitspanne zwischen Tod und Wiedergeburt in einem menschlichen Leib, wogegen ein unentwickelter Mensch in der Regel sofort wiederkommt; erstens ist die Begierde größer, zweitens gibt es viel mehr Möglichkeiten, ein unentwickeltes Elternpaar zu finden.

Der Buddha sprach von 31 Existenz-Bereichen. Der Mensch ist Nummer fünf von unten. Wir haben also vier Möglichkeiten ab- und 26 aufwärts. Keine von ihnen ist *Nibbāna*, sie sind alle unbeständig. Es gibt bedeutend angenehmere Daseinsformen als die menschliche, denn wir haben durch unseren Körper mit unausweichlichen Schwierigkeiten zu kämpfen. Er stellt pausenlos seine Anforderungen – er muss essen, schlafen, ausscheiden, warm und sauber gehalten werden, will es bequem haben – und stellt uns doch nie zufrieden. Es gibt Möglichkeiten, ohne diesen Körper zu existieren. Um *Nibbāna* zu erreichen, ist jedoch die menschliche Daseinsform die bestmögliche. Gerade der Körper verschafft uns hinreichend

---

[5] Die drei Kleinode (*ti-ratana*) buddhistischer Hingabe. – *Dhamma*: die Lehre des Buddha. *Sangha*: die Mönchsgemeinde.

dukkha, denn ohne Leidensdruck würden wir ja doch nichts unternehmen. Umgekehrt verdanken wir ihm auch genügend *sukha*, Vergnügen, so dass wir nicht ganz in Depressionen versinken. Denn wenn das Leid zu groß ist, wie in den unteren Regionen, ist der Weg zum *Nibbāna* beinahe versperrt. Aber in den höheren Regionen, wo das Vergnügen so groß ist, dass man angeblich einen Wunsch bloß zu haben brauche, und schon sei er erfüllt, und wo dieser Körper mit all seinen Nöten nicht existiert, vermisst keiner das *Nibbāna*. Man ruht sich sozusagen auf seinen Lorbeeren aus. Man hat es geschafft, in den Götterwelten (*deva-loka*) zu leben, und vergisst, dass auch sie unbeständig sind.

Es wird oft gefragt, wer denn eigentlich wiedergeboren werde, da wir doch in Wirklichkeit gar nicht existieren.

Das klassische Bild, das für eine Antwort benutzt wird, ist die Kerze: An einer Kerze, die bereits bis auf den Docht heruntergebrannt ist, zünden wir eine neue an. Die alte Kerze geht aus, es brennt eine neue. Haben wir nun die gleiche Flamme oder eine andere? Selbstverständlich haben wir nicht den gleichen Körper. Das alte Wachs ist weggeschmolzen, wir haben neues Wachs. Aber wir haben weder die gleiche noch eine andere Flamme. Übertragen wurde die Energie der Hitze. Und die bringt uns zur Wiedergeburt. Die »Hitze« ist unser Drang zu leben, zu überleben; der tiefe innere Drang hier zu sein, der auch manchmal ausartet zu dem Drang »ich will nicht hier sein«, was das Gleiche ist, denn auch darin steckt »ich«.

Übrigens ist Selbstmord sehr schlechtes *Karma*. »Nicht töten«, wie die erste Tugendregel heißt, schließt einen selber natürlich mit ein. Aber nicht nur das. Der Moment des Tötens ist ein Moment des Hasses. Und unser letzter Gedanke in diesem Leben bestimmt, wie gesagt, die Richtung für eine Wiedergeburt.

»Ich will sein« oder »ich will nicht sein« sind zwei von den drei Begierden – die dritte im Bunde ist unsere Sinnesbegierde –, die uns im *Saṁsāra*, im Kreis der Wiedergeburten, festhalten. Die Übertragung der Energie dieser Hitze geht solange endlos weiter, bis wir die Passion des »Ichs« aufgeben, diese Passion, leben zu wollen oder nicht leben zu wollen. Dazu müssen wir dieses »Ich« als Illusion erkannt haben – nicht mit dem Verstand, das vermag jeder, der sich mit der Buddha-Lehre beschäftigt; es muss erlebt und erkannt werden, muss eine innere Realität werden, die innere Realität des Nicht-Ich: Da ist keiner. Und wenn keiner da ist, kann er auch nicht wiedergeboren werden.

Da taucht dann prompt die Frage auf – heute genauso wie zu Lebzeiten des Buddha: »Was wird aus einem Erleuchteten nach dem Tod?«

Der Asket Vacchagotta fragte es den Buddha, und der antwortete ihm folgendermaßen: Er forderte ihn auf, Holz zu sammeln, ein Feuer zu machen und immer wieder von dem Holz hineinzuwerfen, und fragte ihn dabei: »Wie geht das Feuer?« – »Es brennt gut weiter.« Dann hieß er ihn, kein Holz mehr nachzulegen. Nach einer Weile ging das Feuer aus. »Und was ist jetzt?« – »Es ist ausgegangen«, antwortete Vacchagotta.

»Ist es nach vorne gegangen, nach hinten, nach oben, nach unten, nach rechts oder nach links?« »Nein, es ist einfach ausgegangen.«

»Genauso, Vacchagotta, ist es mit dem Erleuchteten; er geht aus.«[6)]

Die Holzstücke, mit denen wir das Feuer immer wieder schüren, sind unsere Begierden, ist das, was wir wollen und was wir nicht wollen. Und wir wollen ja ständig etwas haben

---

[6)] Nach Majjhīma Nikāya 72.

oder loswerden, jemand sein oder nicht sein. Und so brennt das Feuer der Leidenschaft weiter und weiter, bis zu dem Tag, an dem wir mit dem Nachlegen aufhören. Bei der Erleuchtung geht es aus, und da ein völlig erloschenes Feuer nicht wieder entfacht werden kann, gibt es für einen Erleuchteten keine Wiedergeburt. Denn er hat ja vor allen Dingen erfahren, dass es gar keinen Erleuchteten gibt, sondern nur die Erleuchtung. Und die kann nicht wiedergeboren werden. *Karma* wird wiedergeboren, aber nach der Erleuchtung gibt es kein *Karma* mehr. Wir machen *Karma*, weil wir überzeugt sind, dass wir es sind, die denken, sprechen, handeln. Wir empfinden nicht, dass da nur Gedanke, nur Sprache, nur Tat ist.

Die Frage: »Was wird aus dem Erleuchteten nach dem Tod?« ist also falsch gestellt.

Ich habe bisher von der Wiedergeburt nach dem Tode gesprochen, wenn der Körper vergeht. Es gibt viele Menschen, gerade im Westen, die damit nicht fertig werden, die diese Lehre einfach nicht akzeptieren können, und das ist verständlich. Wiedergeburt ist in westlichen Ländern ja ein noch sehr umstrittenes Thema; es fehlt die Verankerung in Kultur und Denktradition. Aber ganz so neu und fremd wie vielleicht noch vor fünfzehn Jahren ist auch hierzulande die Wiedergeburtslehre nicht mehr. Inzwischen sind auch ein paar Bücher darüber erschienen, was Menschen, die als klinisch tot galten und reanimiert wurden, in dieser Zwischenphase erlebt haben; ferner Berichte von Ärzten, die Patienten in frühere Leben zurückführten, um ihnen aus gegenwärtigen psychischen Leiden herauszuhelfen. Trotzdem zweifeln viele westliche Menschen weiterhin an der Wiedergeburt. Aber es fällt ihnen vielleicht weniger schwer, sich mit der Vorstellung von einer allmorgendlichen Wiedergeburt anzufreunden. Wenn wir uns abends ins Bett legen und einschlafen, wissen wir ja auch nicht, was mit uns geschehen wird. Da ist eine Leere. Am nächsten Morgen wachen wir auf, und dieser eine Tag ist unser neues Leben. Wir bringen mit, was wir bisher im Leben erreicht und praktiziert haben. Waren wir bisher Gärtner, sind wir es vermutlich heute auch. Hatten wir bisher viel liebende Güte in uns, dann wohl auch heute.

Wenn wir jeden einzelnen Tag als Wiedergeburt ansehen, fällt es uns vielleicht leichter, diesen für den einzigen wichtigen Tag in unserem ganzen Leben zu halten. Alle anderen sind ja entweder schon vergangen, sind nur noch *Karma*-Resultate, oder noch nicht gekommen, nichts als eine vage Hoffnung, die wir »Zukunft« nennen.

Wenn wir uns beim morgendlichen Aufwachen vor Augen halten, dass wir erstens die Unwahrscheinlichkeit einer menschlichen Wiedergeburt erreicht haben, noch dazu mit intakten Sinnen und Gliedern und das *Dhamma*, die Lehre, hören können, und zweitens dieser eine Tag unser neues Leben ist, die eine Wiedergeburt, deren wir ziemlich, wenn auch nicht völlig sicher sein können, dann wachsen in uns die nötige Energie und Zielbewusstheit, die uns zum Praktizieren anhalten. Dann sorgen wir uns nicht schon beim Aufwachen darum, ob wir den Bus erreichen, ob der Chef wieder schlechte Laune hat, ob … ob … ob … tausend Dinge geschehen oder nicht geschehen werden. Dann wissen wir, wie wir ihn nutzen können. Es ist hilfreich und wichtig, dann am Abend Bilanz zu ziehen, wie ein guter Geschäftsmann; das innere Geschäft ist mindestens genauso wichtig: »Habe ich heute den ganzen Tag liebende Güte walten lassen, bin ich hilfreich gewesen, habe ich Mitgefühl gehabt; oder aber habe ich mich über andere geärgert, schlecht über sie gesprochen, schlecht gedacht, schlecht gehandelt?«, um zu prüfen, ob Soll oder Haben überwiegt, ob wir damit beschäftigt waren, unseren Geist zu reinigen oder damit, ihn zu beschmutzen. Den größten Gewinn von einem sauberen inneren Haushalt hat man allemal selber. Wer immer und immer wieder, bei jeder morgendlichen Wiedergeburt, mit denselben Unreinheiten, Leiden und Aufregungen wie tags zuvor wiederkommen will, muss ein Narr sein.

Dass die Wiedergeburt nach dem Tode eine Tatsache ist, steht außer Zweifel. Ich kenne einige Menschen persönlich, die sie bezeugen, besonders einen, der sich weit zurück in frühere Leben erinnern kann. Aber ich halte es für viel wichtiger, uns auf die tägliche Wiedergeburt einzustellen, denn wenn uns diese gut gelingt, ist die nach dem Tode sowieso garantiert.

Genauso *Karma*. Es liegt nicht in der Zukunft und nicht in der Vergangenheit. Es geschieht jetzt. *Karma* bedeutet, dass ausschließlich wir selber die Verantwortung für uns haben. In dieser Beziehung ist die buddhistische Lehre einzigartig. Da gibt es keine außenstehende Macht, Kraft, richterliche Instanz, die uns hin- und herschubst. Wir schubsen uns selber hin und her. Das ist die einfachste und für einen logisch denkenden Menschen wohl auch die einzige Erklärung dafür, wie diese enormen Unterschiede bei den menschlichen Geburten zustande kommen.

Da kommt im Buckingham Palace ein Kind zur Welt, seine Geburt wird mit Salutschüssen verkündet und vom Volk bejubelt. Es gibt nichts an materiellen Gütern und an erzieherischem Wissen, das diesem Kind vorenthalten bliebe. Und zur selben Stunde werden auf den Straßen von Kalkutta und Bombay viele Kinder geboren, unter einem Stück Plastik auf zwei Pfählen als »Haus«, und dort werden sie unter Umständen ihr ganzes Leben zubringen und oft Hunger leiden. Wenn das ein Außenstehender so arrangiert, ist er grausam. Wenn es eine Lotterie ist, ist sie schlecht geführt. Das Einzige, was diese Unterschiede sinnvoll erklären und aus dem Chaotischen herausheben kann, ist die Verantwortung fürs eigene *Karma*: Wie die Ursache, so die Wirkung.

Aṅgulimāla[7] war der Spitzname des jungen Mannes, von dem ich Ihnen – zur Ermutigung – erzählen will. Er stammte aus gutem Hause und war sehr intelligent. Als er das entsprechende Alter hatte, schickten ihn seine Eltern zum Studium nach Takkasīla, dem geistigen Zentrum im damaligen Indien. Es gab noch keine Universitäten in unserem Sinne; in Takkasīla lebten aber Gelehrte, die junge Leute bei sich aufnahmen und in den damals üblichen wissenschaftlichen Disziplinen unterwiesen, zum Beispiel in Astrologie, Astronomie, Geologie, Mathematik usw. Aṅgulimālas Lehrer hatte noch sechs weitere Schüler, er aber war der Primus und Lieblingsschüler. Das ärgerte seine Kameraden; aus Neid suchten sie ihn beim Lehrer anzuschwärzen: Er habe gestohlen und gelogen. Aber damit kamen sie nicht an: Der Lehrer ließ sich in seiner hohen Meinung nicht beirren. Bis er eines Tages auf Reisen ging und ihm die bösen Buben bei seiner Rückkehr hinterbrachten, Aṅgulimāla habe mit seiner Frau geschlafen. Sie logen so geschickt, dass er ihnen diesmal glaubte. Härter hätte ihn natürlich nichts treffen können. Bloß um den jungen Mann loszuwerden, sagte er zu ihm: »Dieses Jahr brauchen deine Eltern hier nichts zu bezahlen« – das Studium war ziemlich teuer, sie mussten Jahr für Jahr reichlich Goldstücke berappen –, »stattdessen musst du mir tausend Menschenfinger bringen.«

Weil es sein Lehrer war, der ihm das sagte, nahm Aṅgulimāla es ernst und fasste es als Befehl auf. Er ging also in den Wald und fing an, Menschen zu überfallen, zu töten und ihnen die Finger abzuschneiden. Die deponierte er zunächst auf einem

---

[7] *aṅguli* heißt Finger, *māla* Halskette.

umgestürzten Baum, aber dort wurden sie von den Krähen gefressen, und so hängte er sie sich kurzerhand als Kette um den Hals. Das brachte ihm seinen Namen ein. Er war bald in der ganzen Gegend berüchtigt, niemand traute sich mehr in den Wald. Er überfiel sogar ganze Gesellschaften, selbst wenn sie im Wagen fuhren. Das Leben im Wald machte ihn zu einem außergewöhnlich kräftigen Mann, und mit jedem Mord wurde er skrupelloser und brutaler. Inzwischen hatte er 999 Finger beisammen. Erst zu diesem Zeitpunkt erfuhren seine Eltern, wo er steckte und was er trieb. Seine Mutter machte sich sogleich zu ihm auf, um ihn von seinem entsetzlichen Weg abzubringen. Das sah der Buddha. Er erkannte, dass Aṅgulimāla nicht davor zurückschrecken würde, seine Mutter zu töten. Damit aber brächte er sich für unermesslich lange Zeit um jede Chance, wieder auf die rechte Bahn zu kommen; davor wollte ihn der Buddha bewahren. Er sah auch, dass der junge Mann das Zeug dazu hatte, die Lehre zu verstehen und ihr zu folgen.

Und so ging der Buddha in jenen Wald. Aṅgulimāla erspähte ihn auch sogleich und dachte bei sich: »Ha! Ein Mönchlein ganz allein! Na, mit dem hab ich leichtes Spiel.« Er wollte ihn einholen, aber konnte ihm nicht einmal nahe kommen, obwohl der Buddha ganz langsam ging und er, der so geschwind wie ein Hirsch zu laufen und sogar Pferdewagen zu überholen verstand, aus Leibeskräften rannte. Er schrie: »Mönch! Mönch! Halt an!« Der Buddha drehte sich zu ihm um: »Ich habe schon angehalten. Aber hast du auch schon angehalten?« Verwirrt fragte er, was diese merkwürdige Äußerung bedeute. Der Buddha ging nahe zu ihm heran und sagte: »Ich habe aufgehört, Menschen zu töten. Ich habe aufgehört, Lebewesen Harm zuzufügen. Aber hast du damit aufgehört?« Davon und von Buddhas Persönlichkeit war Aṅgulimāla so überwältigt, dass er sagte: »Nein, ich habe damit nicht aufgehört. Aber kannst du mich anleiten?«

Der Buddha nahm ihn mit ins Kloster, machte ihn zum Mönch und schickte ihn auf Almosenrunde auch in das Dorf, in dem er so verrufen war. Die Leute warfen natürlich Steine auf ihn, und er beschwerte sich darüber beim Buddha. Der aber riet ihm, froh zu sein, dass ihm nichts Schlimmeres passiere – nach allem, was er getan habe. Aṅgulimāla arbeitete fleißig an sich und wurde am Ende erleuchtet.

Was lehrt uns diese Geschichte?[8)] Sie gibt uns die Hoffnung und die Sicherheit, dass jeder Mensch, ganz egal, was er auf dem Kerbholz hat, den spirituellen Pfad gehen kann. Eine ganz reine Weste hat ja wohl keiner. Trotz seiner kapitalen Verbrechen war Aṅgulimāla in der Lage, erleuchtet zu werden. Dass er den Buddha zu Hilfe hatte, war zweifelsohne ein großes Plus für ihn, aber wir haben schließlich noch keine 999 Menschen umgebracht. *Karma* kann nicht zurückgenommen werden, aber wir müssen nicht im alten *Karma*-Strom weitertreiben. Das ist ja auch der Hauptgrund, warum es so gutes *Karma* ist, sich hinzusetzen und zu meditieren: Man kann dadurch wirklich den *Karma*-Strom ändern.

---

8) Nach Majjhīma Nikāya 86.

III

Vier Arten von Glück

Alle Menschen streben nach Glück, das ist ihre Hauptbeschäftigung im Leben. Und jeder hat seine eigene Vorstellung davon, was Glück sei. Wer arm ist, meint, reich zu sein, müsse glücklich machen, die auch nicht glücklichen Reichen träumen vom einfachen Leben, viele suchen ihr Glück in der Ehe und ein paar Jahre später in der Scheidung, in eigenen Kindern, Beruf, Karriere, Reisen ... aber nichts bringt volle Erfüllung, und so kombiniert man: Zwei oder drei dieser Bedingungen zusammen, das müsse dann Glück sein. Manchmal kehrt der neue Besen auch ganz gut, doch dann haart er genauso wie alle anderen, und die Suche geht von vorne los.

Unsere Vorstellungen von Glück hat Mark Twain in der folgenden Geschichte beleuchtet:

Ein Mensch stirbt, erscheint vor dem Himmelstor, Petrus lässt ihn ein und geleitet ihn zur Garderobe: Er dürfe sich aussuchen, was er wolle. Schon lange vor seinem Tod hatte er beschlossen, er werde sich, sobald er in den Himmel komme, ein Paar große Flügel und eine Harfe besorgen. Und nun war der Augenblick der Erfüllung gekommen. Er legte sich die Flügel an und wollte die schöne neue Harfe ausprobieren. Aber wie er das große Instrument auch hielt, es ging nicht; Flügel und Harfe waren einander im Weg. Also gab er die Harfe wieder ab und konzentrierte sich ganz auf die Flügel. Mit denen aber kam er schon gar nicht zurecht; er hatte ja nie gelernt, sie zu gebrauchen, dauernd verhedderte er sich und fiel hin, und so gab er auch sie wieder ab und konnte sich endlich seines himmlischen Lebens ungetrübt erfreuen. – Diese Episode ist ganz typisch dafür, wie wir uns Glück vorstellen. Wir begehren etwas und gehen schnurstracks darauf zu. Und wenn uns irgendwelche Hindernisse in den Weg kommen, versuchen wir sie – oft gewaltsam – zu beseitigen. Wir kleben auf dem Leim unserer Vorstellungen fest. Bis wir, wie unser Freund da im Himmel, merken, dass es so gar nicht geht, und alle Vorstellungen fallen lassen.

Der Buddha unterschied vier Arten von Glück:

Die erste, die wir alle kennen, ist *Glück durch die Sinneskontakte.* Je mehr wir geläutert und gereinigt sind, desto subtiler werden unsere Sinnesfreuden. Es ist nicht gerade ein Zeichen von Läuterung, wenn sich einer betrinken muss, um vergnügt zu sein. Dem Sensiblen hingegen geht das Herz auf vor Freude, wenn er durch den Wald geht und die zarten Blümchen betrachtet. Die einen finden Gefallen an Rock and Roll – ein förmliches Bombardement der Sinne –, andere an Mozart und Bach. Mit zunehmender Achtsamkeit auf seine Sinnesreaktionen merkt man, wie schädlich es sich auswirkt, wenn die Sinne bombardiert werden. In Wirklichkeit aber, hat der Buddha in einem Gleichnis gesagt, sind *alle* Sinnesberührungen, als setzten sich einer Kuh, der man bei lebendigem Leibe die Haut abgezogen hat, Fliegen aufs rohe Fleisch!

Häufigkeit und Qualität unserer Sinneskontakte hängen vom Grad der Läuterung sowie von unserem *Karma* ab. Es gibt Menschen, die niemals in ihrem Leben ausreichend, geschweige denn gut essen können. Dass wir in so günstigen Verhältnissen leben, ist ein Zeichen für unser gutes *Karma*, wie es auch mit dem *Karma* zusammenhängt, ob jemand Gelegenheit findet, Kulturstätten wie z.B. Museen, Theater, Konzerthäuser zu besuchen.

Die Sinnesfreuden mögen noch so subtil sein – sie bilden nur die unterste Stufe des Glücks. Aber nur verschwindend wenige Menschen kommen je über sie hinaus. Wer Not und Entbehrung leiden muss – der überwiegende Teil der Menschheit! –, sucht dieses Sinnesglück; wir, die es bedenklich leicht verfügbar haben, laufen Gefahr, darin stecken zu bleiben, sei es aus Bequemlichkeit oder aus Unkenntnis darüber, dass es andere, höhere Formen von Glück gibt.

Die nächste Stufe wird das *Glück der Götterwelten* genannt. Dabei denkt man im Allgemeinen an ein künftiges Leben. So muss es aber nicht sein. Wir brauchen uns ja nur ausschließlich den vier höchsten Gefühlen von liebender Güte, Mitgefühl, Mitfreude und Gleichmut zu widmen, um den Himmel auf Erden zu haben; sie sind sozusagen das Fahrzeug, das uns zu den »Göttlichen Verweilungsstätten« befördert.

Es heißt, man könne in den Götterwelten, von denen es 26 Entwicklungsstufen gibt, wiedergeboren werden, wenn man nie lüge, nie wütend werde und sehr großzügig, gebefreudig sei. Vorbedingungen, die wir ja ab sofort praktizieren können, und die Vergangenheit können wir dabei getrost Vergangenheit sein lassen. Diese 26 Götterwelten sind so beschrieben: In den unteren sechzehn Bereichen hat man zwar noch einen subtilen Körper, aber der verursacht keinerlei Schmerzen. Er hat weder das Bedürfnis nach Nahrung und damit Ausscheidung noch nach Sexualität. Also ein recht angenehmes Dasein, stelle ich mir vor! Zu diesen unteren Stufen führen die besagten Gemütsregungen. Zu den vier obersten, wo es gar keinen Körper mehr gibt, gelangt man durch die meditativen Versenkungen.

Die Bewohner der Götterwelten werden unterschieden in *Devas* – die unteren Stufen – und *Brahmas* – die höheren.

Die niedrigsten unter den *Devas* sind die Naturgeister, die in Bäumen und Kohlköpfen etc. leben und mit denen zum Beispiel die Leute in Findhorn, Schottland, Umgang pflegen. Sie stehen nur um eine Stufe über uns Menschen, die Tiere eine Stufe unter uns, so dass es verhältnismäßig leicht ist, zu ihnen Kontakt zu finden, sie zu sehen. Die vier oberen Ränge hingegen haben keinerlei Interesse an uns; ihr Wesen ist vollkommener Gleichmut.

In den Kommentaren steht über die siebte Stufe der *Devas* die folgende Geschichte:

Es ist der Bereich des Gottes Sakka. Eines Tages saß er in seinem himmlischen, für uns unvorstellbar schönen Garten. Die Blumen dort gleichen Glöckchen, die wunderschöne Musik machen, jeder Wassertropfen schillert in allen Regenbogenfarben, die Luft ist voller Wohlgeruch und von einem Gesang erfüllt, wie man ihn auf Erden nie zu hören vermag. Neben Sakka saß seine Frau und flocht Blumenkränze. Plötzlich aber fing sie an zu welken, das einzige Leid, das die Devas, kurz vor ihrem Tod, noch haben, und innerhalb weniger Minuten starb sie. Sie wurde sofort in einem indischen Dorf wiedergeboren, als Tochter eines ganz armen Bauern. Sie wuchs heran und konnte sich an ihr herrliches Leben bei Sakka im Bereich der Devas so gut erinnern, dass sie nur einen Wunsch hatte: dorthin zurück! Sie hoffte, das auf dem Weg der Frömmigkeit zu erreichen, brachte täglich Blumen, Weihrauchstäbchen und Kerzen in den Tempel mit und betete, und am Ende sagte sie stets: »Möge es meinem Mann zum Guten gereichen.« Aber sie hatte gar keinen Mann, und die Leute, die sie hörten, hielten sie für verrückt. Ihre Eltern wollten ihr helfen und suchten einen Mann für sie, den sie mit vierzehn oder fünfzehn Jahren heiratete, gleichfalls ein armer Bauer aus ihrem Dorf.

Aber sie machte so weiter: Jeden Tag ging sie in den Tempel, und nach ihren Gebeten sagte sie stets: »Möge es meinem

Mann zum Guten gereichen.« Sie tat auch viele gute Werke: Sie pflegte Kranke; stand den Frauen bei, deren Männer in einem Krieg waren; teilte in einer Hungersnot ihre Nahrung mit anderen, und immer sagte sie: »Möge es meinem Mann zum Guten gereichen.« Natürlich dachte sie gar nicht an ihren gegenwärtigen Ehemann, sondern an Sakka, zu dem sie sich zurücksehnte. Aber das wussten die Leute ja nicht, und so wurde sie berühmt und hochangesehen als eine Frau, die ihren Mann so anbetet. Auch ihren vier Kindern half sie, wo sie konnte, sie versuchte, Streit in der Familie wie auch im Dorf zu schlichten, und immer sagte sie dasselbe Sprüchlein. Mit siebzig starb sie. Und sofort wurde sie wiedergeboren – im Garten Sakkas. Sie saß plötzlich wieder neben ihm und flocht Blumenkränze wie damals. Sakka blickte sie ganz erstaunt an und fragte sie: »Sag mal, wo warst du denn die ganze Zeit? Seit zwei Stunden suche ich dich überall.« – »Sakka, du ahnst ja gar nicht, was mir passiert ist! Ich war siebzig Jahre da unten auf der Erde bei den Menschen, und weißt du, die leben eine so kurze Zeit, und was die alles machen! Die bekriegen sich, die bestehlen sich, die zanken sich, die schlagen sich – es ist kaum zu glauben.« – »Naja«, beruhigte sie Sakka, »nun bist du ja wieder hier, nun ist ja alles wieder gut.«

Siebzig Jahre Menschenleben sind im *Deva*-Bereich zwei Stunden – »Zeit« ist nur eine Frage der Konzentration. Nur zu praktischen Zwecken haben wir sie eingeteilt in Sekunden, Minuten, Stunden usw., in Wirklichkeit ist Zeit relativ und hängt von unserem Geisteszustand ab.

Die Lebensspanne in den höchsten Götterbereichen ist so unvorstellbar lang, dass sie »unendlich« genannt wird. Daher halten sich die Götter für unsterblich. Aber wie ich schon im Zusammenhang mit den Vorzügen einer menschlichen Geburt erwähnte: Auch diese Götterwelten sind vergänglich.

Die dritte Stufe des Glücks ist *Glück durch Meditation*. Der westliche Mensch hat meistens ziemlich verworrene Vorstellungen von Meditation. Sie hat hier ja nicht, wie in Indien, ihre fünftausend Jahre alte Tradition; noch vor rund zwanzig Jahren war Meditieren im Westen so gut wie unbekannt. Es gibt hierzulande ja auch wenige Menschen, die diesen Weg schon bis zum Ende gegangen sind.

Glück durch Meditation kommt auf, wenn das Denken ausgeschaltet wird. Das heißt aber nicht – »ausgeschaltet« ist eigentlich nicht das treffende Wort –, man könne einfach auf einen Schalter drücken. Wenn das so wäre, wäre uns allen sehr geholfen. Es bedeutet vielmehr, dass wir praktizieren – ernsthaft und konsequent –, bis wir zu dem Punkt kommen, wo wir so konzentriert sind, dass ein Meditationsobjekt – der Atem oder die Achtsamkeit auf die Gefühle – nicht mehr nötig ist.

Alle Meditationsobjekte, ob der Atem oder ein Geräusch, ob eine Flamme, eine Farbe, ein Gefühl oder ein Mantra, sind samt und sonders nichts weiter als das Fahrzeug, mit dem wir uns auf den Weg machen, um zur vollen Konzentration zu gelangen.

Es ist ein Unfug zu sagen, wenngleich man es oft hören kann, in der Meditation solle man einen ganz leeren Geist haben; das aber ist unmöglich. Was der Geist »soll«, ist: erst einmal aufhören, sich um all diese alltäglichen und erinnerungsbehafteten Gedanken zu kümmern oder Pläne zu machen, und sich auf ein Objekt konzentrieren, so dass er alles andere fallen lassen kann. Danach ist es dann möglich, dass der Geist so ruhig wird, dass er auch dieses Objekt nicht mehr braucht. Und in einem solchen Moment kommen Gefühle hoch, die ein Glück bringen, das wir sonst nicht kennen. Das sind zuerst körperliche Gefühle, dann ist es einfach das Glücksgefühl der Emotionen und dann tiefe Ruhe. Dass wir auch daran nicht anhaften sollen, ist eine andere Sache.

Das Glück durch Meditation ist an Vorbedingungen geknüpft, die wir erfüllen müssen. Meditation braucht ein Fundament, nämlich unsere Lebensweise und Geisteshaltung. Dieses Fundament wird die drei Pfeiler der Meditation genannt: liebende Güte (*mettā*), Großzügigkeit, Gebefreude (*dāna*) und Sittlichkeit (*sīla*).

Mit *sīla* sind in diesem Zusammenhang immer die fünf Tugendregeln gemeint. Sie lauten aber nicht »du darfst nicht …, du kannst nicht …, du sollst nicht …, du musst …«, sondern sind ein Übungsprogramm. Der Buddha hat sie jedem Laien aufgetragen und so formuliert: »Ich übe mich darin, von folgenden Dingen abzustehen …« Er ist also ganz Realist, wenn er sagt, wir müssen uns in diesen Tugenden üben. In Pāli gibt es kein Wort für »Sünde«. Denn Sünde ist etwas, das zu tadeln wäre. Wenn ich eine oder mehrere oder gar alle fünf Tugendregeln nicht einhalte, wirkt sich das erstens auf mich selber aus, weil es ja mein eigenes *Karma* ist; zweitens ist nichts weiter nötig, als dass ich noch einmal von Neuem den Entschluss fasse. Es ist übrigens besser, wenn man den Entschluss, die fünf Regeln einzuhalten, zunächst für eine begrenzte Zeit fasst und dann erneuert. Denn es fällt schwer sich vorzustellen, man werde sein Lebtag nie so eine Regel brechen. Von Tag zu Tag aber oder von Woche zu Woche und dann von Monat zu Monat sie tatsächlich zu halten, ist viel realistischer, denn jeder Tag, den wir leben, ist ja sowieso unser ganzes Leben. Es ist übrigens erstaunlich, wie schwer es ist, diese fünf Regeln einzuhalten. Sie hören sich ganz einfach an, und doch ist alle Welt damit beschäftigt, sie zu brechen.

Die Tugendregeln zielen nicht nur darauf, das Unheilsame, Negative zu unterlassen, sondern sich auch im Heilsamen,

Positiven zu üben. Nur so gewinnen wir den Zustand innerer Ruhe, der zum Meditieren nötig ist. Geläuterte Gefühle glätten und klären den Geist.

Die erste Tugendregel: *Lebewesen nicht zu töten*, bedeutet also, ihnen liebevoll und arglos zu begegnen. Das bezieht sich auf jedes Lebewesen, so klein wie eine Laus, so groß wie ein Elefant. Was immer es ist, wenn es lebt, will es am Leben bleiben. Es geht nicht darum, auf diese Weise der Fliegen- und Mückenbevölkerung ein ungestörtes Wachstum zu sichern. Diese Regel hilft uns, den Hass im eigenen Herzen loszuwerden, die Ablehnung, den Widerstand, die Vorstellung, wir könnten mit diesen Geschöpfen nicht in Harmonie leben. Das zu lernen ist ein enorm wichtiger Schritt im Leben. In den Tropen sind die meisten Häuser voller Ameisen und Moskitos, und es ist nicht leicht, mit ihnen zu leben. Es kostet viel Selbstüberwindung einzusehen, dass wir nicht befugt sind, ihnen ihr Leben zu rauben. Wir müssen lernen, das in unseren Augen nicht Liebenswerte zu lieben. Wenn es uns bei Menschen nicht gelingt, dann vielleicht bei Mäusen und Ratten; wenn es uns bei Mäusen und Ratten gelingt, dann vielleicht auch bei jenen Menschen, mit denen wir es schwer haben.

Statt – gemäß der zweiten Tugendregel – lediglich *nichts zu nehmen, das uns nicht gegeben wurde*: so viel wie nur irgend möglich geben! Nichts nehmen, das uns nicht gehört und uns nicht ausdrücklich gegeben wird – also auch nicht, weil wir es gebrauchen können und der Besitzer sowieso genug davon hat, z.B. am Arbeitsplatz etwas für den Privatbedarf mitgehen lassen, und wäre es nur ein Bleistift. Es geht nicht darum, Eigentum zu schützen; die zweite Regel ist auf nichts anderes gemünzt, als unsere Begierden loszuwerden.

Die dritte Tugendregel: *kein sexuelles Fehlverhalten zu begehen*, niemandem durch Sexualität körperliches oder gefühlsmäßiges Leid zuzufügen, wird heutzutage sehr weit ausgelegt. Es ist unbedingt nötig, sich genau zu prüfen, ob man wirklich verantwortlich handelt oder lediglich seinen Begierden frönt und sich in Fantasien verrennt. Die positive Kehrseite dieser Regel ist, ein liebevoller, treuer und verlässlicher Partner zu sein.

Die vierte Regel heißt *nicht lügen*, ist aber sehr weit gefasst und zielt auf den rechten Gebrauch der Sprache.

Außer Lügen sind harsche, grobe Worte zu meiden, üble Nachrede, Verleumdung, Klatsch und Tratsch, aufwiegelnde Reden, Beschönigung und Schmeichelei, Geschwätz und Geplapper; zu pflegen ist achtsames, liebevolles Sprechen. Das Ideal ist, immer im *Dhamma* zu sprechen: hilfreich, dem Naturgesetz gemäß und über ein Thema, das den Geist beflügelt.

Diese Regel bricht fast jeder. Denn gerade durch die Sprache treten wir mit unserer Umwelt in Kontakt, das ist natürlich mit viel unnützem Gerede verknüpft, zumal in unserer Gesellschaft Schweigen oft als unhöflich, ja peinlich empfunden wird. Im Meditationskurs reden wir zwar nicht, aber was unser Geist uns so alles erzählt, ist auch nichts anderes als Geschwätz. Der hat sich daran gewöhnt und erzählt auch jetzt munter seine Geschichten. Wenn man das in der Meditation einmal beobachtet und fallen lässt, gelingt es einem dann auch im täglichen Leben besser. Man muss ja nicht dauernd reden. Es kann sehr angenehm sein, schweigend beieinander zu sitzen, jeder in sich selber ruhend. Das ständige Nach-außen-Gehen durch die Sprache macht es viel schwieriger, wenn nicht unmöglich, nach innen zu gehen. Der Weg hinaus aus *dukkha* führt aber in uns herein. Aus diesem Grunde ist es so wichtig, in einem Meditationskurs das Schweigen einzuhalten. Unnützes, überflüssiges Reden um des Redens willen ist außerdem nur ein Ablenkungsmanöver, es soll nur das eigene Leid verdecken. Dazu kommt noch, dass eine nette Unterhaltung mit jemandem, der uns nicht widerspricht, unser Ego bestätigt, wonach wir ja ständig suchen.[1]

Die letzte Regel schließlich: *keine berauschenden Mittel zu nehmen* (v.a. Alkohol und Drogen), zielt darauf, alles zu vermeiden, was den Geist in eine unnatürliche Veränderung versetzt, ihn noch verwirrter, aufgeregter macht und noch mehr vergiftet, als er durch seine eigenen Aktivitäten sowieso schon ist, und sich statt Betäubung und Berauschung der Meditation zu widmen, denn sie ist der Weg zur Klärung des Geistes und zur Läuterung der Gefühle.

Diese drei Pfeiler: liebende Güte, Großzügigkeit und Sittlichkeit als Fundament für die Meditation und Meditation als Weg zur Ruhe sind die Stufen zum vierten und höchsten Glück, zu Einsicht/Klarblick. Die Ruhe-Meditation (*samatha-bhāvana*) ist dafür unerlässlich, denn unser gewöhnlicher Geist, der lediglich fürs Überleben so leidlich seinen Zweck erfüllt, kann das Ungewöhnliche nicht erkennen. Das vermag nur ein Geist, der wenigstens für kurze Zeit einmal nicht denkt, der so ruhig geworden ist, dass er von sich aus Glück und Frieden empfindet, die nicht mehr von außen bedingt sind. Mit einem solchen ungewöhnlichen Geist können wir dann auch etwas Ungewöhnliches erkennen und verstehen: das *Dhamma*, die absolute Wahrheit, die allem Existierenden zugrunde liegt. »Wer mich sieht«, hat der Buddha immer wieder klargestellt, »sieht das *Dhamma*; wer das *Dhamma* sieht, sieht mich.« »Sehen« heißt im Herzen sehen, nicht mit den leiblichen Augen. Nicht ihm sei zu folgen, seiner Person, sondern dem Naturgesetz: »die Dinge so sehen, wie sie wirklich sind«.

---

[1] Weiteres über *die rechte Rede* siehe Seite 176ff.

Einer der Mönche um den Buddha war so – man kann schon beinahe sagen – verliebt in ihn, dass er ihm auf Schritt und Tritt folgte, hingerissen von seinem Anblick und seiner Rede. Eines Tages wurde dieser Mönch krank und musste im Bett liegen. Nach ein paar Tagen übermannte ihn sein Elend und er brach in hemmungsloses Schluchzen aus. Seine Mitmönche versuchten ihn zu trösten, so schwer krank sei er doch gar nicht, er werde bestimmt wieder gesund. Nein, deshalb weine er nicht, er weine, weil er, solange er krank im Bett liegen müsse, den Buddha nicht sehen könne. Die Mönche wollten ihm helfen und informierten den Buddha, und er kam den Kranken besuchen. Der war natürlich selig! Der Buddha sagte zu ihm: »Sieh nicht mich – sieh das *Dhamma* in deinem Herzen, dann siehst du mich. Und wenn du mich siehst, dann sieh nur das *Dhamma*.« Das machte riesigen Eindruck auf ihn. Als er wieder gesund war, hörte er auf, wie ein Hündchen hinter dem Buddha herzulaufen, sondern lernte, auf eigenen Füßen zu stehen. – Wo immer sich Gelegenheit dazu bot, trat der Buddha diesem Gurugeschäft, das in Indien außerordentlich populär war und ist, entgegen: Die Lehre, nicht die Person, ist der Lehrer. Personenkult ist schädlich für den, der einer Person anhängt, sich also auf einen sterblichen Menschen verlässt statt auf sich selber, und er ist auch schädlich für den, der sich das Anhängen gefallen lässt, denn sein Ego wird größer – es sei denn, er ist erleuchtet. Der Buddha sah die Gefahr für den anderen und lehnte jeden Kult um seine Person ab.

Das höchste Glück also ist das Glück durch Einsicht/Klarblick. Unser Geist ist fähig geworden, die Unbeständigkeit (*anicca*) alles Existierenden zu erkennen und damit auch die Unpersönlichkeit (*anattā*) alles Entstandenen. Durch Einsicht/Klarblick sind alle unsere Probleme endgültig gelöst; da »ich« nicht mehr da bin: Wer sollte »meine« Probleme haben? Und nur ein Geist, der glücklich und ruhig ist, kann akzeptieren, dass keiner da ist, der glücklich und ruhig ist.

Dieses höchste Glück ist nicht bedingt. Da ist die Erkenntnis gekommen, und die bleibt. Sie braucht nicht neu gewonnen zu werden; man muss nicht, wie noch bei der Ruhe-Meditation, immer von Neuem sich konzentrieren und das Glück der Meditation in sich hochbringen – Glück durch Einsicht ist das einzige beständige Glück. Es ist das beständige Glück von *Nibbāna*.

Erleuchtung hat vier Stufen; die erste ist der Stromeintritt. Das heißt, dass ein Mensch *Nibbāna* für einen kleinen Moment selber gesehen hat und dadurch in den Strom zum *Nibbāna* eingetreten ist. In diesem Moment fallen drei Fesseln von ihm ab: als erste der skeptische Zweifel; es lässt sich ja nichts bezweifeln, das man selber erlebt hat. Als zweite der Glaube an ein »Ich«, jedoch noch nicht das Ich-Gefühl; oft ist es nicht da, aber es kommt doch immer wieder. Es ist noch ein langer Weg vom Stromeintritt bis zur Erleuchtung. Die dritte Fessel ist der Glaube, Rituale könnten einen das *Nibbāna* näher bringen. Man gibt zwar nicht alle Rituale auf, aber man glaubt nicht daran, dass sie irgendeinen Heilszweck erfüllen können, mehr sind als bloßes Ritual.

Es heißt auch, der In-den-Strom-Eingetretene könne nie mehr die fünf Tugendregeln brechen, brauche höchstens noch sieben Leben bis zur Erleuchtung und könne nie mehr einem anderen Lehrer als dem Buddha folgen, er verdankt, was er erreicht hat, ja der Buddha-Lehre. Stromeintritt ist also nur die erste Stufe auf dem Weg zu *Nibbāna*; er ist übrigens die einzige Garantie für einen Aufstieg auf dem spirituellen Pfad. Danach folgen: die Einmalwiederkehr, die Nichtwiederkehr und schließlich die Erleuchtung. Auf jeder Stufe werden andere Fesseln verloren.

Aber das ist Zukunftsmusik. Wir müssen erst einmal mit unserer Meditation ins Reine kommen, und dazu ist es unerlässlich, uns in Geduld, Ausdauer und Entschlusskraft zu üben. Das Glück durch Meditation ist so anders als das gewohnte durch die Sinne, dass man sich erst einigermaßen umkrempeln muss. Und das dauert seine Zeit.

IV

Die drei Tore zur Befreiung

Manche meinen, sie bräuchten nur zu meditieren, dann werde schon alles gut. Das ist beinahe so abwegig wie nicht zu meditieren, damit alles gut werde. Meditation ist weiter nichts als ein Mittel zum Zweck, und der Zweck ist nicht, von einer goldenen Wolke umhüllt im ewigen Glück zu sitzen – der Zweck ist Klarblick. Sonst schaut man nämlich nur noch auf dieses Glück und hat nichts als eine neue Anhaftung. Das ist ganz und gar nicht ungewöhnlich, so ist der menschliche Geist beschaffen. Ist etwas angenehm, haftet man fest, ist es unangenehm, versucht man zu entkommen. Wenn man die Richtung nicht kennt, in die man zu schauen hat, ist mit Klarblick schwerlich zu rechnen.

Eines Tages kam ein Mann zum Buddha, um ihn etwas zu fragen. Er sei schon seit geraumer Zeit sein Zuhörer, habe in den letzten Jahren fast alle Lehrreden mit angehört und dabei viele Mönche und Nonnen aus seinem Gefolge kennen gelernt. Ihm falle auf, dass manche der Mönche und Nonnen, die dem Buddha schon seit einigen Jahren folgten und seinen Lehrreden zuhörten, sich um vieles gebessert hätten, sie seien sehr liebevolle, geduldige, mit einem Wort: wunderbare Menschen geworden. Andere, die schon genauso lange dabei seien, hätten sich überhaupt nicht verändert und einige sogar zu ihrem Nachteil: Sie seien zänkisch geworden, ungeduldig und unangenehm. Wie lasse sich das erklären?

Der Buddha fragte den Mann nach seiner Heimatstadt.

»Ich komme aus Rājagaha.«

»Gehst du noch manchmal zurück nach Rājagaha?«, fragte der Buddha weiter.

»Ja, sehr oft, ich habe dort Familie und Geschäft.«

»Du kennst den Weg dorthin also gut?«

»So gut, dass ich ihn sogar nachts im Dunkeln gehen kann.«

»Und wenn dich jemand fragt, wie er von hier nach Rājagaha kommt, kannst du es ihm erklären?«

»Ich glaube kaum, dass ein anderer es besser könnte.«

»Wenn du nun aber«, fuhr der Buddha fort zu fragen, »jemandem den Weg ganz genau erklärst, der aber bleibt hier in Benares – ist es dann deine Schuld, dass er nicht nach Rājagaha kommt?«

»Nein«, antwortete der Mann, »ich bin ja nur der Wegweiser, ich zeige ihm ja nur den Weg.«

»Ja«, sagte der Buddha, »genauso mache ich es!«

Die Lehre des Buddha zeigt uns den richtigen Weg, den Weg hinaus aus dem Gefängnis, in dem wir eingesperrt sind – dem Gefängnis unserer falschen Vorstellungen, Wahrnehmungen, Reaktionen, Meinungen, unseres Begehrens, Glaubens und Anhaftens. Der Weg in die Freiheit führt durch drei Tore:

1. Die vorstellungslose Befreiung

Das erste Tor, die Erkenntnis der *Unbeständigkeit* (*anicca*), ist der Moment, da man die Vorstellungswelt, in der man lebt, als ein Nichts erkennt. Um dahin zu gelangen, ist es nötig, ständig den Wechsel, ständig die Unbeständigkeit zu betrachten. Da alles unbeständig ist, wird man es nicht »ständig« können, aber so oft wie nur irgend möglich – und vor allem in der Meditation.

Es ist am Anfang unserer Meditationspraxis nicht von so

großer Bedeutung – später dann schon –, ob die Konzentration auf das Meditationsobjekt ein wirkliches Ausschalten der Gedanken und das Erleben der Reinheit des Geistes bringt, also die Ruhe-Meditation. Am Anfang ist es genauso wichtig festzustellen, was mit den Gedanken los ist, wie sie einander jagen, um dann, mit etwas mehr Klarheit, mehr Konzentration, vielleicht sogar gewahr zu werden, wie sie aus dem Nichts entstehen und in das Nichts vergehen. Wenn man das ein paarmal erlebt hat, glaubt man keinem Gedanken mehr. Dann benutzt man das Denken nur noch für die Zwecke des täglichen Lebens und Überlebens. Es gibt – aufs Weltliche bezogen – keinen Gedanken, der nicht widerlegbar wäre, und keinen, der nicht auch etwas anderes oder gar das Gegenteil bewirken könnte.

Von der Einsicht, wie die Gedanken aus dem Nichts kommen und ins Nichts vergehen, kommt etwas Ruhe; die wiederum bringt Einsicht/Klarblick, sie arbeiten Hand in Hand. Wir brauchen zwar die Meditation, um den Geist so zu schärfen, dass er zur tiefsten Einsicht fähig wird, aber jeder Moment, innerhalb wie außerhalb der Meditation, ist eine Möglichkeit für Klarblick, wenn man sich nur voll auf das konzentriert, was man gerade tut.

In den *Therīgātha* [1)] berichtet eine Nonne, sie habe zu Mittag gegessen, anschließend ihre Almosenschale ausgewaschen und das Spülwasser weggeschüttet. Als sie das Wasser im Sand versickern sah, verstand sie in diesem Moment die Unbeständigkeit von allem, was existiert, und wurde erleuchtet.

---

1) *therī* sind die erleuchteten Nonnen zur Zeit des Buddha; *gāthā* sind Verse, die im Moment der Erleuchtung gesprochen wurden. – Die Verse der erleuchteten Mönche heißen *Theragāthā*.

2. Die wunschlose Befreiung

Das zweite Tor zu Klarblick ist die Erkenntnis der *Unzulänglichkeit, Unerfülltheit (dukkha).*

Dukkha wird allgemein mit »Leid« übersetzt. Aber »Leid« ist viel zu begrenzt; es gibt viele Menschen, denen es im weltlichen Sinne so gut geht, dass sie sagen: »Ich leide nicht, es geht mir gut, ich will eigentlich nur meditieren, damit mir's noch ein bisschen besser geht.« Bei Leid denken sie an Tragödien. Aber *dukkha* bedeutet, dass es nichts im Weltall gibt, das einen auf Dauer vollkommen erfüllen könnte – denn es gibt ja keine Dauer. *Dukkha* schließt sich also an die Unbeständigkeit (*annicca*) an und schließt sie ein. Doch damit nicht genug; *dukkha* ist jeder einzelne Moment, wo die Dinge nicht genau so sind, wie man sie sich wünscht, wie man sie haben will. Und damit sind wir beim Kernpunkt, bei der Ursache für *dukkha*: Wir *wollen* etwas. Das Tor der wunschlosen Befreiung ist schwer zu erreichen. Wer kann sich schon vorstellen, alles Wollen und Wünschen aufzugeben? Wir sagen zwar »ich bin wunschlos glücklich«, aber leider ist das nur eine Redensart, die uns besonders leicht von den Lippen kommt, wenn gerade erst ein Wunsch in Erfüllung ging. Es gibt aber nichts Weltliches, das wirklich erfüllt, das die Leere im Herzen ganz ausfüllen könnte. Das ist der Grund für die Existenzangst der Menschen.

Es gibt drei Möglichkeiten, mit *dukkha* umzugehen. Die erste ist, es loswerden zu wollen, indem man sich betäubt oder wegläuft. Das ist die verbreitetste, weil instinktive Reaktion; wie wir uns ja auch instinktiv bewegen, wenn uns beim Sitzen etwas weh tut. Aber wohin wir auch fliehen – *dukkha* kommt mit. Und wenn wir uns noch so betäuben –, sobald wir aus unserem Rausch aufwachen, ist *dukkha* wieder da.

Die zweite Reaktionsweise ist Flucht in Selbstmitleid und

Depression: »Warum das mir? Was hab ich Ärmste(r) denn getan?«, man sieht *dukkha* also persönlich und nicht universell. Aussicht auf Erfolg hat nur der dritte Weg: Man schaut – erstens – dem *dukkha* ganz scharf ins Auge und erkennt, dass es überall ist, solange es Wünsche gibt. *Dukkha* ist vollkommen unpersönlich, es zeigt sich lediglich auf unterschiedliche Art bei den Menschen; es ist überall, man erkennt es nur nicht immer. Zweitens fasst man den Entschluss, einen Weg zu suchen, der endgültig, nicht nur für den Moment, hinausführt; dieser Weg ist der spirituelle Pfad. Auf dem muss man sich stets vergegenwärtigen, dass *dukkha* solange immer und immer wiederkommt, bis man von jedem Wunsch und von jeder Vorstellung vollkommen losgelassen hat. Ein langer Weg – aber einer, der zu unwandelbarem Glück führt: zu Klarblick.

Als der Buddha in der Erleuchtung die Wahrheit von Unbeständigkeit (*anicca*), Unzulänglichkeit (*dukkha*) und Nicht-Ich, Nicht-Persönlichkeit (*anattā*), den drei Merkmalen aller Daseins-Erscheinungen, erkannte, ließ er los vom Anhaften an sich selbst. Das ist nämlich unsere größte Schwierigkeit und führt zum Sich-behaupten-Wollen, was mittlerweile beinahe eine politische Richtung geworden ist: Man müsse seinen Vorstellungen, Wünschen und Abneigungen Ausdruck geben. Aber das hieße, sich gegen den Strom der Wechselbewegung zu stellen, und Widerstand bewirkt Tumult. Gegen etwas, das ständig fließt, kann man sich nicht behaupten. Als der Buddha das sah, war er imstande loszulassen und hatte das Erlebnis von *Nibbāna*.

Uns ist es nicht möglich, jeden Wunsch, jede Vorstellung, jegliche Selbstbehauptung loszulassen, nur weil wir hören, das wäre gut. Aber wir können untersuchen, ob es stimmt.

Das ist das Wichtigste, was wir tun können. Jedesmal, wenn irgendein auch nur allerkleinstes unangenehmes Gefühl hochkommt, untersuchen: »Was hab ich nicht gekriegt, das ich wollte, oder was habe ich bekommen, das ich nicht wollte? Was ist es, das dieses unterschwellige Gefühl von Unzufriedenheit hervorgebracht hat?« Jedesmal wird man die gleiche Antwort bekommen. So kommen wir allmählich davon los, andere dafür verantwortlich zu machen, dass wir uns nicht ganz zufrieden fühlen. Erst dann sind wir auf dem spirituellen Weg zur Leid-Auflösung, und Meditation hat nur diese eine Richtung, alles andere ist Fantasie. dass sie seit je dazu benutzt wurde und dafür gedacht ist, aus dem *dukkha* herauszuführen, belegt eine fünftausend Jahre alte Überlieferung.

3. Die substanzlose Befreiung

Noch schwerer als sich vorzustellen, vorstellungs- und wunschlos zu sein, fällt es beim dritten, beim Tor der Leere (*anattā*): dass alles im Prinzip leer ist von Substanz, keinen Kern hat. Die Naturwissenschaftler bestätigen es mit ihren Methoden, was der Buddha in sich erfahren hat: Es gibt im ganzen Universum keine Materie, sondern nur Energieteilchen, die zusammentreffen und wieder auseinander fallen. Jeder, der sich das auch nur einen Moment vorzustellen versucht, bekommt es mit der Angst zu tun. Sofortiger Widerstand kommt hoch und sucht schnell etwas, das doch Substanz hat, wertvoll, wünschens- und erstrebenswert ist und nicht leer. Das heißt, wir bleiben im Gefängnis. In diesem Gefängnis waren wir schon so viele Tausende, vielleicht Hunderttausende von Leben und haben uns schon so daran gewöhnt, dass es beinahe unmöglich ist sich vorzustellen, was Freiheit bedeutet. Wir haben die Fähigkeit, uns an alles zu gewöhnen, an die entsetzlichsten Zustände, an schlechte Beziehungen, an körperliche Schwierigkeiten, an alles. Das gewohnheitsmäßige falsche Denken hält uns fest. Beim Zuhören werden Sie merken, wie schwer es ist, dieses Denken umzudrehen, sogar vorstellungsmäßig: »Wie kann denn alles leer sein, es ist doch voll, da ist doch überall etwas. Da sitze ich, und da sitzen die anderen, dieses Haus ist doch da, die Bäume, die Tiere, der Himmel, die Sterne, Mond und Sonne; und da sind die Gedanken, die Gefühle ... und all die klugen Leute, die so schöne und interessante Bücher schreiben und berühmte Gelehrte sind – da ist doch irgendwas irgendwo ...« Was ist es denn, das da »irgendwas irgendwo« sein soll? Jeder Philosoph, sogar jeder philosophisch angehauchte Mensch versucht, »irgendwas irgendwo« zu finden innerhalb dieses Gefängnisses, was das Leben etwas angenehmer machen soll. Das ist auch legitim. Wenn das, was das Leben angenehmer macht, niemandem schadet, sondern nur zum Heil gereicht, ist es gut, dergleichen zu finden. Aber es öffnet das Tor nicht. Es ändert nichts. Man hat lediglich in diesem Gefängnisleben eine bessere Position erreicht. Dieses Tor der Leere, das sich auf das Nicht-Ich bezieht, ist wohl deshalb am schwersten zu verstehen, weil es gegen all unsere Gefühle und gegen all unsere Arbeit, die wir hier in diesem Leben geleistet haben und in naher Zukunft zu leisten gedenken, geht. Denn all unser Tun ist ja darauf gerichtet, das Ich sicherer, glücklicher, harmonischer und ruhiger zu gestalten. Aber wenn das Ich nicht da ist, wozu dann?

In England soll einmal ein Mann gelebt haben, der sich jahrzehntelang mit der Buddha-Lehre beschäftigt hatte und eines Tages entschied, er sei jetzt erleuchtet. Er schrieb einen Brief an den obersten Mönch eines großen Tempels in Bangkok. Der konnte nicht gut Englisch und rief einen Engländer zu Hilfe. Der Brief ließ sich aber gar nicht übersetzen. Denn sein Verfasser hatte als Zeichen seiner »Erleuchtung« jedes

»ich«, »mein«, »mir«, »mich« weggelassen. Mit dem Ergebnis, dass kein Mensch herausbekam, was er eigentlich wollte. Der Buddha hat die Wörter »ich«, »mein«, »mir«, »mich« benutzt – es liegt nicht an der Sprache, es liegt am Gefühl.

Was uns im Grunde hindert, die Lehre vom Nicht-Ich (*anattā*) zu verstehen, ist unser Widerstand: Wir wollen nicht. »Ich kann nicht« heißt ja bekanntlich »ich will nicht«. Ein Geist, der Ablehnung, Widerstand, Ärger, Wut, Egoismus, auch Trauer – denn sie ist ein Zeichen für Anhaften – in sich hat, ist ein zusammengeschrumpfter Geist; er sieht nur, was er sehen will, und entsprechend sieht die Welt für ihn aus.

Alle drei Merkmale: *anicca, dukkha* und *anattā* sind so ineinander verflochten, dass man, wenn man eines tief innen verstanden hat, die anderen beiden mitversteht.

Bei »Ich« beziehungsweise »Nicht-Ich« sind zwei Wirklichkeitsebenen zu unterscheiden: die absolute und die relative. Der Buddha hat die Frage, die immer wieder auftaucht, woher das »Ich« denn komme, wenn es in Wahrheit gar nicht existiere, folgendermaßen beantwortet:

Wir bestehen aus fünf Teilen und aus nichts sonst; auf Pāli: *panca-* (fünf) *upādāna-* (Anhaften) *khandha* (Daseinsgruppen); auf Deutsch werden die fünf *khandha* auch »Anhaftungsgruppen« genannt, weil sie die Objekte des Anhaftens bilden.

Diese sind:

1. Körper
2. Gefühl
3. Wahrnehmung. Sie basiert auf Erinnerung und Erfahrung. Unsere Wahrnehmungen erklären das, was wir hören, sehen, riechen, schmecken, berühren. Daraus wird deutlich, dass Wahrnehmung immer rein subjektiv ist und nur für das jeweilige Individuum zutrifft, nie universell gültig sein kann.

4. Gedanken; Gedankensysteme, -formationen; sie heißen auch *Karma*-Formationen, weil wir mit ihnen unser *Karma* machen.
5. Bewusstsein, und zwar Sinnesbewusstsein (nichts Esoterisches!). *viññāṇa* hat in Pāli verschiedene Bedeutungen, hier die von Sinnesbewusstsein als Verbindung des Sinnesorgans mit dem, was es berührt, zum Beispiel ist das Sinnesbewusstsein, das das Auge mit dem Sehobjekt verbindet, Sehbewusstsein; was das Ohr mit dem Hörobjekt verbindet, Hörbewusstsein.

Die Gruppen zwei bis fünf werden unter der Bezeichnung »Geist« zusammengefasst.

Der Buddha hat vorgeschlagen, jeder möge einmal in sich untersuchen, ob er noch etwas anderes finden könne, und das schlage ich Ihnen auch vor. Es ist durchaus der Mühe wert, das einmal selber festzustellen. Interessanterweise sind in der Sprache des Buddha Geist und Herz nicht getrennt. Im Deutschen unterscheiden wir zwischen Denken und Fühlen und verknüpfen Geist mit Denken und Herz mit Fühlen.

Unser Körper besteht aus den vier Elementen:

Erde: die festen Körperteile, z.B. Knochen, Muskeln, Sehnen, Haut.

Wasser: alles, was fließt: Blut, Urin, Speichel, Schleim; und was die Teile miteinander verbindet, so wie Wasser Mehl zu einem Teig bindet.

Feuer: die Körpertemperatur.

Luft: die Winde und die Bewegung.

Alles um uns herum, lebend oder nicht lebend, besteht aus den gleichen vier Elementen, nur in anderen Proportionen. Wenn man sich so zu betrachten vermag, kommt man leichter von der fixen Idee, als Mensch etwas Besonderes zu sein, und der damit verbundenen Ich-Bezogenheit – »ich, das Maß aller Dinge« – los und lernt, alles mehr universell zu sehen.

Solche Betrachtungsweisen sind Hilfsmittel, die der Buddha immer wieder erwähnt und besprochen hat, um uns aus dem Wahn aufzuwecken, in dem wir leben: »Ich bin, ich werde, ich habe, ich bekomme, ich kann, ich will … ich!« Dieser Wahn des Ich ist der Wahn all unserer Probleme, ist der Wahn aller Kriege, ist der Wahn aller Argumente und ist durch und durch *dukkha*.

Wir haben uns eine Ideenwelt aufgebaut – rational und logisch. »Ich sitze doch hier, dann muss ich ja da sein!« Was in Wirklichkeit da sitzt, sind die fünf Daseinsgruppen mit ihren spezifischen Fähigkeiten und Möglichkeiten. Ein Vögelchen kann zwitschern, futtern, hin- und herlaufen, und es kann – was wir nicht können – fliegen. Es hat also andere Fähigkeiten und andere Möglichkeiten. Unbestreitbar ist es gleichfalls ein Lebewesen mit fünf Daseinsgruppen.

Viele Gedanken, die da in der Meditation hochkommen, sind alles andere als erwünscht. Manche sind zwanzig Jahre und älter, und wir wundern uns, woher sie kommen: »wohl aus meinem Unterbewusstsein, damit bin ich wohl noch nicht fertig geworden« und dergleichen. Alles Rationalisierungen! Wir haben diese Gedanken weder eingeladen, noch sind sie uns willkommen. Wir müssen einmal anfangen zu verstehen, dass Gefühle und Gedanken einfach sind, ob das ein Rückenschmerz ist oder ein Kribbeln auf der Nase, nicht ich bin. Dass ich es gerade bin, der das Kribbeln auf der Nase spürt, ist ja nur in meiner Gedankenwelt so, weil ich glaube, dass ich hier sitze. Da man aber glaubt, dieser Körper sei »mein«, und da diese Gedanken und Gefühle in diesem Körper entstanden zu sein scheinen, meint man, sie müssten »mein« sein, und vergisst, »wie die Dinge wirklich sind«: Wenn das »mein« ist und das

»ich« bin, dann bin »ich« ja eine Sekunde später jemand ganz anderer, und morgen, in zehn oder zwanzig Jahren. Dann bin »ich« ja eine endlose Reihe von Personen. Das kommt, weil man den Wechsel, das Fließen vergisst. Man nimmt den Moment, hält ihn fest und sagt »das bin ich« und sperrt alles aus, was diese Illusion von Festigkeit unterminieren könnte, aus Angst vor einer Unsicherheit, die auch nur ein Hirngespinst ist, probiert hat man's ja noch nicht. Es ist eine ähnliche Angst wie vor dem ersten Sprung vom Zehnmeterbrett ins Schwimmbecken. Alles, was man dabei zu verlieren hat, ist die Angst selbst. Wenn das »Ich« weg ist, sind alle Schwierigkeiten weg, wer sollte sie dann haben? Obwohl das unmittelbar einleuchten sollte, bemühen sich erstaunlich wenige Menschen, das Ich loszuwerden, sogar unter denen, die der Buddha-Lehre folgen. Und die ist ja auf Ego-Verkleinerung gerichtet. Wer aber den Mut hat, den üblichen Widerstand zu überwinden und ins Ungewisse zu treten – aus liebevollem Vertrauen und weil ihm die Logik einleuchtet: kein Ich = keine Probleme –, spürt dann selber, wie sehr er sich geholfen hat.

V

Der überweltliche Weg

Das Tor, das zum überweltlichen Weg führt, ist *dukkha*. Erst wenn wir als Tatsache in uns aufgenommen haben, dass *dukkha* ein Merkmal des menschlichen Lebens ist, von dem auf der weltlichen Ebene kein Entkommen ist, haben wir einen Zugang zum überweltlichen Weg. Der Buddha hat die Edle Wahrheit von *dukkha* nicht formuliert, um die Menschen noch bedrückter zu machen, als sie schon sind, im Gegenteil: Wenn man *dukkha* als universell erkennt, hört man auf, das eigene besonders schlimm zu finden. Dann versucht man nicht mehr, damit fertig zu werden, indem man sich betäubt, es zu ignorieren sucht, weglaufen oder die Umstände ändern will, und man schiebt nicht mehr anderen die Schuld an seinem Leid zu, sondern tut das einzig Richtige: Man wählt sich *dukkha* zum Lehrer und lässt sich von ihm auf den spirituellen Pfad führen. »Wer *dukkha* nicht gesehen hat, hat den Pfad nicht gesehen« – dieses Wort des Buddha bedeutet ja nicht, wer keine Tragödien erlebt hat, könne den Pfad nicht betreten, obwohl es manchmal darauf hinausläuft; er hat vielmehr noch nicht erkannt, dass im Weltlichen kein Entkommen ist, hat den Pfad nicht gesehen, weil er ihn gar nicht sehen will. In demjenigen jedoch, der es erkannt hat, steigt Zuversicht auf, dass es einen überweltlichen Weg gibt. Dazu gehört auch, dass man das gute *Karma* hat, von einem solchen Weg zu erfahren, ihn kennen zu lernen. Wenn er sich einigermaßen vernünftig anhört, ist der nächste Schritt, ihn zu untersuchen. Man »untersucht«, wie der Buddha es nannte, selber, statt blind zu glauben,[1] den Lehrer, die Lehre und diejenigen, die ihr folgen, man befragt sie also. Sind ihre Antworten zufrieden stellend, jedenfalls gemäß dem eigenen Verständnis, kann man Vertrauen fassen. Dieses Vertrauen in die Lehre ist der springende Punkt am Beginn des überweltlichen Pfads; es ist dreifacher Art:

1. Intellektuell: Man befragt und bekommt eine zufrieden stellende Auskunft. Es ist unmöglich, auf intellektuellem Wege aus *dukkha* herauszukommen, denn *dukkha* ist ein Gefühl. Aber intellektuell kann man verstehen, was man zu tun hat, um seiner Gefühle Herr zu werden.
2. Emotional: Ist an dem Pfad, von dem ich gehört habe, etwas liebenswert? Kann ich mich ihm hingeben? Kann ich mich diesem Ideal verschreiben, also den Buddha als ein Ideal ansehen – nicht seine Person, sondern was er verkörpert: vollkommene Leidlosigkeit, vollkommene Ruhe, ein Überallem-Stehen?
3. Wenn ja, muss ich den festen Entschluss fassen, diesem Ideal zu folgen, es in mir zu verwirklichen. Das Ideal ist auch das *Dhamma* (die Lehre, die Wahrheit); wenn wir sie auch in uns nicht vollkommen erkennen können, so ist doch das gefühlsmäßige Sichhingeben ein Entschluss, diese Wahrheit einmal in sich zu vervollkommnen. Unsere Motivierung bringt uns dann enorme Energie, weil wir etwas vor uns sehen, das wie ein Licht im Dunkeln scheint, dem wir folgen können: das Licht dieses Ideals. Es ist unser Vertrauensgrund.

Ohne den geht es nicht. Es ist seit Jahrzehnten im Westen versucht worden, intellektuell den Buddhismus zu verstehen,

---

[1] Vgl. S. 153 ff. zum *Kālāma-Sutta*.

und ich bin ganz sicher, er ist von vielen auch verstanden worden. Denn im Westen ist der Intellekt äußerst gut entwickelt. Aber die Liebe ist dabei vergessen worden; die Liebe zum Ideal – die einem erst die Energie gibt, ihm wirklich zu folgen. Die Liebe zum *Dhamma* fehlt nicht aus bösem Willen, sondern aus den Umständen heraus, mit denen wir hier im Westen konfrontiert sind, wo eine buddhistische Tradition fehlt, wo nicht, wie in jedem buddhistischen Land, Tempel und Statuen an jeder Straßenecke stehen. Nicht, dass Tempel und Statuen einen zu diesem Ideal hinführten; aber sie erinnern uns ständig daran, und wir sind ja alle so vergesslich. Hier im Westen stoßen religiöse Symbole – und es sind ja nur Symbole – ja eher auf Skepsis und Abneigung. Genauso wie das Wort »Religion«. Das Wort brauchen wir ja auch nicht unbedingt. Was wir brauchen, ist eine Herzensöffnung und ein Herzenszugang zu dem, was uns hinausführt aus allem, was weltlich ist, und aus allem, was Leid ist. Wenn wir das nicht finden, bleiben wir in unserem *dukkha* stecken.

Anderseits kann uns Westlern unser guter intellektueller Zugang zur Buddha-Lehre helfen, ihr dann auch als einem Ideal in Liebe zu folgen, wenn wir begriffen haben, wie nötig das ist. Und wenn wir etwas lieben, das das höchste Ideal darstellt, sind wir gar nicht mehr versucht, uns etwas Negativem zuzuneigen, das uns hindern würde, diesen Pfad stetig weiterzuverfolgen. Wir kommen von unserer Sucht nach »noch mehr!« los, denn wir erkennen, dass wir auf nichts anderes mehr angewiesen sind als uns hinzugeben und zu läutern. Uns zu läutern heißt: fallen lassen; alles loslassen, was uns bedrückt und besorgt macht und was wir uns eingeredet haben an Plänen und Ansprüchen – dann fallen auch alle Irritierungen und die Rastlosigkeit von uns ab. Je mehr wir fallen lassen, desto mehr Ruhe und Frieden finden wir. Ruhe und Frieden gibt es im Weltlichen nie. Frieden kann nur im Herzen sein. Und Frieden heißt Glück, denn es gibt kein Glück ohne Frieden.

Der Buddha nannte in dieser Reihenfolge: Vertrauen, Ruhe, Frieden, Glück, jene Geschehnisse im Herzen, die Konzentration bewirken. Wir sehen, wie wichtig Vertrauen in den Pfad für die Konzentration ist! Dass wir nicht in einem buddhistischen Land leben, heißt nun nicht, dass nicht auch wir dieses Vertrauen gewinnen könnten. Und das wiederum heißt nicht, andere Pfade seien schlechter oder führten nicht zum Ziel. Es heißt nur: Wir haben uns für diesen Pfad entschieden.

Mit dem Vertrauen erscheint im Herzen ein Gefühl, das nicht Glauben ist und auch nicht nur Liebe, sondern Suche nach Zuflucht. Jeder sucht irgendwo Zuflucht, die meisten bei anderen Menschen. Die Schwierigkeit dabei ist, dass diese selber noch keine gefunden haben. Zufluchtnahme ist auch die Formel, mit der sich ein Buddhist zu seinem Vertrauen bekennt: »Ich nehme meine Zuflucht zum *Buddha*, ich nehme meine Zuflucht zum *Dhamma*, ich nehme meine Zuflucht zum *Sangha*.« Zum *Buddha* als dem Lehrer, zum *Dhamma* als der Lehre und zum *Sangha* als den Menschen, die durch die Lehre erleuchtet wurden. Dem Vertrauen muss völlige Hingabe an die spirituelle Praxis folgen. Wie man sich der Lehre ergeben muss, um auszuprobieren, ob sie wirklich stimmt, hat der Buddha mit einem Elefanten verglichen, der an einer Schlacht teilnimmt, damals waren Elefanten wesentlicher Bestandteil eines Heeres, gewissermaßen die Panzer: Wenn der Eelefant nur mit seinem Rüssel kämpft, hat er sich dem König nicht vollkommen ergeben; auch nicht, wenn er nur mit seinen Beinen oder nur mit seinem Rumpf kämpft. Wenn er aber alles von sich in die Schlacht gibt, dann hat er sich dem König ergeben.

Solange man immer noch zweifelt, ob das alles wirklich

nötig ist: »Muss man sich wirklich so lange hinsetzen, müssen einem wirklich die Knie weh tun, muss man wirklich den Mund halten« – solange das noch alles hochkommt, kann von Hingabe keine Rede sein. Da ist ja immer noch der Zwiespalt im Herzen, ob es nicht einen einfacheren Weg gäbe. Das wäre schön! Vielleicht würden ihn dann mehr Menschen betreten. Aber da wir als Menschen so tief in die Dinge, die uns immer wieder *dukkha* bereiten, verstrickt sind, muss der Weg einer sein, der in die Tiefe geht – und wie könnte der einfach sein?

Wenn wir also einmal gesehen haben, dass es möglich ist, hier eine Zuflucht zu finden vor all den Schwierigkeiten und Vorstellungen, die wir bisher hatten, und in dieser Zuflucht ruhen können, steigt große Freude auf. Viele meinen, heilig sein heiße mit einem besonders gesetzten Gesicht herumzulaufen. Heilig sein heißt heil, geheilt, ganz, nicht mehr kaputt sein. Heilig sein heißt ganz und gar nicht, man müsse in irgendeiner Weise etwas Besonderes darstellen – außer, dass man innerlich geheilt ist. Freude ist der für die Meditation wichtigste Bestandteil im ganzen emotionalen Haushalt. Wenn sie in einem aufsteigt und man sich dann hinsetzt und meditiert, kommt körperliches Wohlbefinden. Solange man innerlich ruhelos ist und immer noch zweifelt, was eigentlich der Schwerpunkt im eigenen Leben sein soll, solange kommt bei der Meditation dieses Wohlbefinden nicht auf, das – wie der Buddha es nannte – den ganzen Körper »durchtränkt«. Er hat dafür ein Gleichnis benutzt, das uns etwas fremd ist, weil wir dic geschilderte Prozedur nicht kennen: Wie ein Bademeister oder sein Gehilfe Seifenpulver mit Wasser vermischt und den entstandenen Seifenschaumball immer und immer wieder durchknetet, bis er vollkommen vom guten Aroma und der Feuchtigkeit durchzogen und durchtränkt ist, so lässt der Meditierende das Wohlgefühl durch den ganzen Körper strömen. Mit diesem

Wohlbefinden kommt Ruhe, kommt eine Beruhigung des Geistes, der bis dahin immer noch umhergehüpft ist; er wünscht Unterhaltung, und das Meditationsobjekt Atem ist langweilig. Der Geist ist instinktiv auf Vielfalt (*papañca*) aus. Erst dieses körperliche Wohlgefühl gibt dem Geist Ruhe: Erstens ist es interessant, zweitens besteht kein Bedürfnis nach Änderung, die Gegenwart ist ja zufrieden stellend. Da erlebt man vielleicht zum ersten Mal, was es bedeutet, in diesem einen Moment zu leben – ein ganz monumentaler Augenblick! Ohne Reue über Vergangenes, ohne Hoffnung auf Zukunft. Denn die sind es, die uns hindern, den Moment, das einzig Wirkliche, zu leben, und am Ende haben wir vielleicht in unserem ganzen Dasein nur einige Sekunden wirklich gelebt. Dieses »wirklich leben« hat eine Qualität von Wachsein. Der Buddha wird ja auch »der Erwachte« genannt. Erleuchtung ist: aus dem Traum erwachen, der uns benebelt. Dieses Glücksgefühl, das es uns ermöglicht, in diesem gegenwärtigen Moment zu sein, bringt tiefe Einsicht, wirklichen Klarblick. Ein Teil davon ist, dass nur dieser Moment ist und dass jeder Moment ins Nichts zerrinnt. Jetzt ist ein Moment. Jetzt ist ein Moment. Moment nach Moment nach Moment. Aber wo ist er? Weg! Sein Zerrinnen kann man aber nur erfahren, wenn man den Moment wirklich erlebt hat. Dann kommt ein inneres Schauen – keine Vision, nicht irgendwelche Bilder – auf die Wirklichkeit des »Selbst«. Denn dann zeigt sich, woran ich anhafte: an Momenten, die längst vorbei sind. Ich lebe also in einer Traumwelt. In ihr geht es genauso absurd und beängstigend zu wie in den nächtlichen Träumen. Wir wollen anhaften an Menschen und an Dingen, die gar nicht existieren – ein Traum, der uns immer wieder an den Abgrund bringt, viel eigentlicher ein Abgrundtraum als der im Schlaf geträumte.

Für einen Geist, der innere Ruhe und Glück gefunden, Zuflucht genommen und Vertrauen gefasst hat, der frei geworden ist von Abwehr, ist Vergänglichkeit kein Grund zum Schrecken, sondern zur Erleichterung: Er kann von seinen Erwartungen an sich und an die Welt loslassen, muss nichts Weltliches erreichen, weil es nichts zu erreichen gibt; muss nichts beweisen, weil es nichts zu beweisen gibt. Man erkennt, dass man bisher im Leben Phantomen nachgejagt, einem dummen Witz, den man sich selber erzählt hat, aufgesessen ist. Wem das einmal klar geworden ist, reagiert in der Regel mit Lachen – und mit Ernüchterung: Alles, was ihn bis dahin bezaubert und verzaubert hat – Menschen, Landschaften, Technik, materielle Güter usw. –, hat dann seinen Reiz verloren. Nicht, dass eine schöne Landschaft nun hässlich aussähe; man ist nur nicht mehr auf der Suche nach einer schönen Landschaft. Andere Menschen sind nicht plötzlich weniger der Beachtung wert, man sucht nur nicht mehr sein Heil und seine Zuflucht bei ihnen, hat jedes Anhaften vollkommen aufgegeben. Es ist ein Gefühl des Loslassens. Man begreift, was *papañca*, die Vielfalt in der Welt, im Grunde ist: ein raffiniert ausstaffiertes Kasperltheater. Hübsche Kulissen und Kostüme, in denen Holzpuppen ihre Rollen spielen. Wer hinter die Kulissen geblickt hat, antwortet nicht mehr verzaubert mit dem Herzen auf das, was er sieht, hört, schmeckt, riecht, fühlt und denkt – er wird frei von all den Leidenschaften des Haben-, Werden-, ja sogar des Sein-Wollens. Wenn Moment für Moment verloren geht, im Nichts zerrinnt, was sollte da aus mir werden können? Auch ich verrinne im Nichts. Wo denn sonst? Wer nichts will, kann auch nicht besiegt oder beraubt werden. Er ist vollkommen unbesiegbar und vollkommen sicher. Von dieser Sicherheit rührt seine innere Freude; sie liegt mehr auf der Ebene des Gleichmuts als des Jauchzens. Diese Leidenschaftslosigkeit befreit aus dem Traum, in dem wir leben. Wir wissen dann, dass es kein Individuum gibt: »Es gibt die Tat, aber keinen Täter; es gibt das Leid, aber keinen Leidenden; es gibt den Pfad, aber niemanden, der ihn beschreitet; es gibt *Nibbāna*, aber niemanden, der es erreicht.« Das hört sich an wie ein Zen-Koan; es sind aber die Worte, mit denen der Buddha das Nicht-Ich (*anattā*) beschrieben hat. Es gibt Taten, es gibt Leid, es gibt den Pfad, es gibt *Nibbāna*, aber nur für den, der gesehen hat, dass die Vorstellung vom Individuum ein Traum ist. Und all das ist abhängig von der Fähigkeit, klar zu sehen, dass *dukkha* ist, nicht manchmal, nicht aus irgendeinem Grunde, nicht weil ich schlechtes *Karma* habe oder weil mir Unrecht geschieht, sondern weil es ist. Und dass der Weg hinaus in die Richtung des Überweltlichen führt, nicht hier in dieser Welt zu finden ist, wohl aber während wir noch auf dieser Welt sind. *Nibbāna* ist für den Lebenden.

VI

Die Zehn Vollkommenheiten

Wir kennen nun die drei Tore, die zur Befreiung führen. Wie aber kommen wir dorthin? Im Folgenden sollen uns die Wege beschäftigen, die uns dem Ziel näher bringen.

Da gibt es erstens *die fünf täglichen Betrachtungen:*

1. Ich bin dem Verfall unterworfen.
   Ich kann dem Verfall nicht entgehen.
2. Ich bin der Krankheit unterworfen.
   Ich kann der Krankheit nicht entgehen.
3. Ich bin dem Tode unterworfen.
   Ich kann dem Tode nicht entgehen.
4. Was mein und mir lieb ist, muss sich verändern und entschwinden.
5. Ich bin der Eigentümer meines *Karma*.
   Ich bin der Erbe meines *Karma*.
   Ich bin aus meinem *Karma* geboren.
   Ich bin mit meinem *Karma* eng verknüpft.
   Ob ich gutes oder schlechtes *Karma* mache,
   dessen Erbe werde ich sein.

Sie sollen kein Gegenstand besinnlicher Betrachtung im Geiste sein, sondern uns tief innerlich berühren. Wenn wir wirklich bis ins Mark davon berührt sind, dass wir verfallen von Moment zu Moment, nähern wir uns dem Tor, das durch die Unbeständigkeit zur Freiheit führt; das Gleiche gilt für die anderen Betrachtungen.

Man kann sie auch *die fünf täglichen Erinnerungen* nennen: Wir sollen uns täglich daran erinnern, sollen den Tatsachen ins Auge schauen.

Zweitens gibt es auch die Emotionen *liebende Güte, Mitgefühl, Mitfreude* und *Gleichmut* führen zum selben Ziel. Denn es ist unmöglich, einem anderen Liebe entgegenzubringen, so lange man sich selber verhaftet ist. Mitgefühl heißt, sich selber einmal restlos zu vergessen, und wäre es nur für einen Augenblick. Es ist der Weg zu dem Tor, das durch das Nicht-Ich zur Befreiung führt.

Und drittens gibt es schließlich eine Reihe von Tugenden, die jeder, der sich der Befreiung nähern will, vervollkommnen muss: *die Zehn Vollkommenheiten* (*pāramī*). *Pāramī* oder *pāramitā* bedeutet wörtlich übersetzt »das, was einen hinüberbringt«, nämlich aus dem Weltlichen ins Überweltliche, über den Strom hinüber ans »andere Ufer«. Aber diese wörtliche Übersetzung benutzen wir nicht, sondern die zehn *pāramī* sind die zehn Tugenden, die ein *Bodhisatta* [1] vollkommen verwirklichen muss, um zu erreichen, was er sich zum Ziel gesetzt hat: entweder ein Erleuchteter (*Arahant*) oder ein Buddha zu werden.

Der Buddha Shākyamuni war für über fünfhundert Leben ein Bodhisatta. Zur Zeit des Buddha, der vor ihm lebte (Dīpaṁkara), war er ein Asket namens Sumedho. Die Legende berichtet, er sei dem Buddha Dīpaṁkara begegnet und in seinem Tiefstinneren so erschüttert von der Schönheit, der Weisheit und dem Gebaren dieses Menschen gewesen, dass er seine langen Haare über eine Pfütze breitete, damit sich der Buddha nicht die Füße nass mache. Und er beschloss, der künftige

---

[1] *bodhi* heißt Erleuchtung, *satta* (Skt.: *sattva*) das, was tugendhaft ist, was der richtige Weg ist.

Buddha zu werden. Wer diesen Entschluss vor einem Buddha fasst, kann ihn dann auch verwirklichen.

Ob wir *Nibbāna* erreichen wollen oder gar ein Buddha werden, ist nicht maßgebend. Maßgebend ist, dass wir uns ein Leben ohne Angst, voll Frieden, voll Liebe und voll Harmonie bereiten, wenn wir ausschließlich diese zehn Tugenden, zu denen jeder den Samen in sich trägt, kultivieren und mit ihnen arbeiten.

Man kann vielleicht den spirituellen Pfad mit dem Besteigen eines hohen Berges vergleichen. Es ist sehr mühsam, nicht frei von Gefahren, ist schwierig, nicht jeder macht sich daran; viele sitzen lieber im Lehnstuhl zu Hause. Aber die, die sich ans Bergsteigen heranwagen, tun das, weil sie gehört oder gelesen haben, dass der Gipfel des Berges die Stelle ist, wo die Luft vollkommen rein, die Aussicht ganz wunderbar und jeder Mensch glücklich ist. Schon zu Beginn des Aufstiegs merken sie natürlich, wie beschwerlich es ist. Aber schon bald können sie das Tal aus der Vogel-Perspektive sehen: Was unten erdrückend groß und übermächtig schien, wird mit jedem Schritt winziger und winziger. Wenn man in New York auf den Straßen zwischen den Wolkenkratzern geht und in die Höhe schaut, hat man das beklemmende Gefühl, sie fielen auf einen herunter; sie scheinen in der Luft zu schweben, scheinen sich zu bewegen. Wenn man vom Flugzeug auf sie hinunterschaut, sehen sie ganz unbedeutend aus.

Ein wenig von diesen Tugenden sich zu Eigen zu machen, wirklich zu kultivieren, verhilft uns schon zu einer minimalen Vogel- oder Flugzeug-Perspektive auf unser Leben. Aber nur, wenn Herz und Geist klar und rein sind, können wir von oben herabschauen und bereits ein klein wenig von der absoluten Wahrheit erkennen.

Der Buddha hat immer wieder von diesen zehn Tugenden

gesprochen, und daraus ist dann später diese Liste zusammengestellt worden.

Die erste der Zehn Vollkommenheiten ist *Freigebigkeit*, Großzügigkeit, Gebefreudigkeit (*dāna*). Sie ist sozusagen der Eingang. Das heißt nicht, sie wäre wichtiger als die anderen. Nur muss man erst einmal einen Zugang zum spirituellen Pfad finden, einen Anfang machen. Der Buddha hat Freigebigkeit nicht nur einmal, sondern Dutzende von Malen in vielen verschiedenen Reden als einen der größten Segen erwähnt. In Pāli wird manchmal seine ganze Lehre als *dāna-sīla-bhāvanā*[2] bezeichnet.

Der Buddha sprach von drei Arten des Gebens: geben wie ein Bettler, wie ein Freund und wie ein König. Wer die Sachen weggibt, die er sowieso nicht mehr braucht oder loswerden will, gibt wie ein Bettler (ein Beispiel aus unserer Zeit: Altkleidersammlungen). Wie ein Freund gibt einer, der das, was er besitzt, teilt. Und wie ein König, wer mehr weggibt, als er behält, weil er begriffen hat, dass er sowieso nur der jetzige Behüter, unmöglich der Besitzer der Dinge sein kann. Nichts bleibt bestehen, und mitnehmen können wir es auch nicht.

Ich habe einmal in Pakistan gelebt und bei einem Projekt zur Elektrifizierung mitgeholfen. Wir mussten im Land herumfahren und geeignete Stellen für die Leitungsmaste finden und die geplanten Plätze überprüfen. Eines Tages kamen wir zu einem Feld, wo ein Mast aufgestellt werden sollte. Am Rande hockte ein ganz alter Mann mit weißem Turban und schneeweißem Bart. Wir erklärten ihm unser Vorhaben und fragten ihn, ob das sein Stück Land sei. Er sagte: »Nein, es gehört Allah. Ich passe nur darauf auf, solange ich lebe.« Es machte großen Eindruck auf uns, dass dieser alte Bauer, der

---

2) *dāna*: Gebefreudigkeit, *sīla*: Sittlichkeit, *bhāvanā*: Meditation.

wahrscheinlich weder lesen noch schreiben konnte, so eine Einstellung zu dem Stück Land hatte, welches ihm seinen Lebensunterhalt sicherte. Wenn wir unsere Besitztümer mit diesen Augen anschauen, dann hängen wir nicht so an ihnen. Alles, woran wir hängen, ist uns eine Last. Alles, woran wir anhaften, hält uns davor zurück weiterzuschreiten. Es gibt Menschen, die an Dingen förmlich kleben; und auch wer von sich glaubt, sein Herz hänge nicht an irdischen Gütern, hängt doch an einzelnen Stücken, sei es, weil er sie geerbt oder für teures Geld gekauft hat, besonders schön findet oder täglich gebraucht. Gerade von diesen aber sollten wir uns trennen! Die anderen, die einem nicht so viel bedeuten, können ruhig herumliegen bleiben, die sind nicht so wichtig.

Ich war einmal in Kalimpong in Nordindien nahe der Grenze zu Bhutan und Sikkim und hörte davon, dass der frühere Rāja von Sikkim dort wohne. Da die Grenze nach Sikkim damals für Ausländer geschlossen war, wollte ich wenigstens diese Gelegenheit nutzen, den Rāja kennen zu lernen und von ihm etwas über Sikkim zu erfahren. Ich verabredete mich also mit ihm; er lebte sehr zurückgezogen. Der Diener empfing mich mit dem sonderbaren Anliegen: »Bitte bewundern Sie nichts in diesem Haus!« – »Wieso denn nicht?« Er erklärte es mir: »In dem Augenblick, in dem Sie etwas bewundern, haben Sie es schon als Geschenk. Der Rāja von Sikkim ist eigentlich sehr arm, aber er gibt immer mehr und mehr weg.« Das Haus war voll von schönen Dingen, zum Beispiel herrlichen Statuen, Thangkas, und es fiel mir schwer, alles nur in stummer Freude anzuschauen. Beim Abschied hat mir der Rāja dann doch eine kleine Buddha-Statue in die Hand gedrückt. Es war ihm wahrscheinlich nicht entgangen, wie sehr ich mich zurückhalten musste.

Diese Art Gebefreudigkeit ist hier im Westen ja nicht

Brauch. In buddhistischen Ländern dagegen ist *dāna* so viel gepriesen worden, dass es zur Tradition geworden ist.

Freigebigkeit bezieht sich aber nicht nur auf Dinge. Manch einer besitzt nicht mehr, als er für seinen eigenen Lebensunterhalt braucht. Aber auch er kann geben: seine Zeit, seine Liebe und Fürsorge, sein Interesse, sein Wissen, seine Fähigkeiten.

Eines der besten Beispiele aus einem buddhistischen Land für das Geben seiner Fähigkeiten ist die *Sarvodaya-Bewegung* in Sri Lanka, eine Initiative zur Selbsthilfe für die Dörfer. Fachleute, viele auch aus westlichen Ländern, geben ihr technisches »Know-how« unentgeltlich weiter, zeigen zum Beispiel den Bauern, wie man Gräben, sanitäre Einrichtungen, Brunnen anlegt. Das ist sogar eine große Gabe. Denn in technischen Fähigkeiten sind wir den Entwicklungsländern weit voraus.

Ohne dieses Sichgebenwollen vereinsamt der Mensch und wird immer gleichgültiger, und das verhärtet. Härte macht es dem Geist unmöglich, in die Weite zu schweifen und die Vogel-Perspektive zu gewinnen. Durch Freigebigkeit bekommen wir ein großes, weites Herz. Sonst bleibt es ja immer klein und wie von Stacheldraht umzingelt, der keinen hereinlässt, aber uns auch nicht hinaus. Wir sitzen in diesem Verhau und wissen mit unserem Herzen nichts anzufangen, das sich ja in Wirklichkeit danach sehnt, zu geben und zu lieben. Aber die meisten Menschen erwarten, dass ihnen eines Tages ihre große Liebe über den Weg läuft, und sie konzentrieren ihre Liebesfähigkeit auf einen Auserwählten; wenn der dann verloren geht, ist es eine Tragödie. Aber es ist eine falsche Einstellung, abzuwarten, bis uns andere unserer Liebe wert erscheinen; dann warten wir vielleicht bis an dieses Lebensende und bis ans nächste und ans übernächste. Wir können absichtlich, mit Entschlusskraft, unser Herz erweitern und geben.

Gebefreude ist, neben *mettā* und *sīla*, einer der drei Pfeiler, auf denen die Meditation ruht. Wer so viel er kann mit Liebe gegeben hat und sich mit diesem beruhigenden Gefühl auf sein Kissen setzt, hat ein Fundament, auf dem er aufbauen kann. Gerade im Westen leben wir in einer so wohlhabenden Gesellschaft, dass wir viel haben, was wir weggeben können. Wir brauchen nur einmal mit offenen Augen durchs Haus zu gehen. Was sich da anhäuft, sind alles belastende Sachen. Die müssen in Ordnung gehalten, vor Rost und Motten geschützt, gesäubert, gepflegt, gewartet werden – je mehr man hat, desto mehr hat man damit zu tun. Je weniger man besitzt, desto leichter ist es, sich auf den spirituellen Pfad zu konzentrieren. Nur aus diesem Grund hat der Buddha Mönchen und Nonnen anempfohlen, nichts weiter als nur das Allernötigste zu besitzen; nicht, damit sie sich kasteien sollen, sondern um frei von den Sorgen zu sein, die unser Anhaften an materiellem Besitz zwangsläufig mit sich bringt. Der Buddha hielt nur vier Dinge für lebensnotwendig: Nahrung, Kleidung, ein Dach überm Kopf und Medizin, wenn man krank ist.

Gebefreudigkeit kann auch in Gastfreundschaft ihren Ausdruck finden.

Und es gilt zu bedenken, wem man schenkt. Die Reinheit der Gabe, sagt der Buddha, sei abhängig von der Reinheit des Empfängers. Wenn wir zum Beispiel einen Betrunkenen im Straßengraben liegen sehen und der uns anbettelt und wir ihm aus Gutmütigkeit zwanzig Mark schenken, können wir sicher sein, dass er sie in der nächsten Kneipe versäuft. Dieses Geld ist also schlecht angelegt – für den Geber wie für den Empfänger. Man hätte es besser einem Waisenhaus oder einer spirituellen Gemeinschaft zugute kommen lassen. Wenn man dem Betrunkenen wirklich helfen will, kann man ihn zu einer Herberge bringen, damit er seinen Rausch ausschlafen kann. Es ist nicht damit getan, seinen Besitz einfach in der Welt zu zerstreuen, es soll etwas Weisheit dahinter sein, wem man gibt. Deshalb werden in buddhistischen Ländern wie Sri Lanka, Thailand, Burma Gaben vor allem an Tempel, an Mönche und Nonnen gegeben. In Sri Lanka wurde das Wort *dāna* sogar zum Synonym für »Gabe an Mönche und Nonnen«.

Gebefreude, Großzügigkeit hat den Zweck und den Erfolg, das Ego zu verkleinern. Im Moment des Gebens denkt man nicht an sich selber, sondern der andere ist wichtiger. Etwas wegzugeben, das man wirklich gern hat oder selbst gebrauchen könnte, ist ein Stück Ich wegzugeben. Das Ich loszuwerden, erfordert große Überwindung. Es empfiehlt sich, mit etwas zu beginnen, das ein bisschen Überwindung kostet. Es klingt paradox und bleibt den meisten Menschen leider fremd, aber es ist ein Naturgesetz: Je mehr man weggibt, umso mehr hat man. Bei Zeit lässt es sich leicht feststellen und noch leichter bei Liebe: Je mehr Liebe man weggibt, umso mehr muss man haben, sonst könnte man sie nicht schenken.

Wir können uns darin üben, nicht das im Auge zu haben, was wir noch alles haben könnten, davon ist ohnedies kein Ende abzusehen, sondern was wir weggeben können. Auch das ist ein Weg zum »Tor der substanzlosen Befreiung« – zu dem wir nicht fliegen können, sondern uns vorarbeiten müssen. Dass andere von unseren Gaben profitieren, können wir allenfalls hoffen. Geben soll um des Gebens willen geschehen, nicht um Dankbarkeit oder Erfolg. Sobald man am Resultat interessiert ist, taucht Spannung, Unruhe auf: »Wird es auch so kommen, wie ich es mir vorstelle?« Es kommt nie genau so. Die Freiheit des Gebens, die Freiheit des Handelns geht verloren, wenn man vom Ergebnis abhängig ist, das dann wichtiger ist als die Handlung selber.

Die zweite der Zehn Vollkommenheiten ist *Sittlichkeit*

(*sīla*). Auch die fünf Tugendregeln sind dazu da, das Ego zu reduzieren. Die Gleichung ist ja ganz einfach: Je weniger Hass und je weniger Begierde, desto weniger Ego; je weniger Ego, desto weniger Probleme.

Die dritte Tugend ist Entsagung (*nekkamma*).

Bei »Entsagung« denken wir in erster Linie an ein Leben als Asket, Mönch oder Nonne. Entsagung hat aber nichts mit einer besonderen Kleidung und Lebensform zu tun, kann sich allenfalls darin äußern. Entsagung hat ihren Sitz im Herzen. Jeder kann sie üben, immer und überall, kann den Dingen entsagen, die ihm besonders lieb sind. Die meisten Menschen essen sehr gerne. Also ist es eine gute Übung, wenigstens für kurze Zeit einmal zu fasten, der Nahrung zu entsagen. Daraus erwächst eine innere Stärke: Man merkt und spürt, dass man die innere Kraft hat, seinen Begierden Einhalt zu gebieten. Das ist einer der Gründe, warum buddhistische Mönche und Nonnen nach dem Mittagessen bis zum nächsten Morgen nichts mehr essen. Denn sie wollen und können dabei lernen, sich selber, ihren Sinnesbegierden, nein zu sagen. In den meisten buddhistischen Klöstern gibt es sogar nur eine Mahlzeit am Tag, was völlig ausreicht. Der Buddha hat aber gestattet, in der Morgendämmerung, »wenn man bei ausgestrecktem Arm die Handlinien erkennen kann«, wieder etwas zu essen, und in manchen Klöstern gibt es dann eine Art Reissuppe, wie sie schon der Buddha gegessen hat.

Auch Entsagung ist der Versuch, das Ego zu verkleinern. Gandhi hat einmal gesagt, das Ego müsse gleich Null werden, damit man Freiheit finden könne, und er hat sein Leben lang daran gearbeitet, es auf diesen Nenner zu bringen.

Entsagung üben heißt immer wieder gewahr werden, dass wir uns behaupten wollen – das ist das Gegenteil von Entsagung. Gewahrwerden heißt ändern können; wenn man nämlich merkt, mit wie viel Stress und unangenehmen Gefühlen Selbstbehauptung verbunden ist: ein ständiges Ankämpfen gegen und Reiben an den Beengungen um einen herum. Wenn man dagegen nachgibt und sich vor Augen führt, was für ein winziger, je nach Abstand und Perspektive kaum oder gar nicht sichtbarer Punkt im Universum dieses Ich ist, um das sich im eigenen Denken alles dreht, fällt Entsagen leichter. Einfach ist es nämlich nicht! Es geht immer wieder gegen unsere Instinkte, die auf Haben, Macht, Ausdehnung des Ichs gerichtet sind – mit »Lebensraum« als Legitimation für Kriege sehr treffend benannt. Instinkte haben wir mit dem Tier gemein. Heraus aus allem Leid, das Versprechen des Buddha, heißt heraus aus dem, was uns natürlich ist. Denn Leid ist uns natürlich. Man muss dieser Ausdehnung des Ichs ganz bewusst entgegenarbeiten, jeder Moment bietet dazu Gelegenheit. Je weiter das Denken, zum Beispiel in der Meditation, schweifen kann, desto mehr Unterstützung ist das für das Ich, desto größer und vielfältiger ist es. Das wird besonders deutlich bei Dingen, denen wir mit Widerstand begegnen. Der Buddha hat einmal gesagt, wir sollen werden wie eine Bambusstaude, die sich dem Wind vollkommen beugt, aber nie bricht. Dieses Biegen bedeutet Nachgeben, der Selbstbehauptung entsagen.

Entsagung ist verbunden mit Geben, Großzügigkeit; wer Liebe gibt, entsagt egoistischer Eigenliebe, ihrem Gegenteil. Entsagung ist immer dann gegenwärtig, wenn es uns gelingt, das Ich vollkommen zu vergessen, uns ganz auf andere zu konzentrieren, nur an andere zu denken – ein Gefühl des Friedens. Das Ich ist der Störenfried. Das völlige Aufgehen in dem, was nicht auf eigene Vergrößerung bedacht ist, ist ein friedlicher Moment, wie das völlige Aufgehen in der Konzentration bei der Meditation ein glücklicher Moment ist.

Entsagung geschieht äußerlich von Dingen und innerlich von Behauptungen, von fanatischem Anhängen, sei es an eine bestimmte Diät, Übung, Meditationsmethode, einen bestimmten Lehrer oder Ähnliches, es ist allemal eine Vergrößerung des Ichs: »Nur so ist es richtig, weil ich es so mache«. So absurd, wie es sich anhört, ist es auch. Und doch wird es immer und überall praktiziert.

Entsagung ist vielleicht die wichtigste spirituelle Eigenschaft, die man entwickeln kann. Den Zugang zu diesem Weg der Tugenden findet man zwar nur durch die Freigebigkeit, doch dürfte Entsagen alles andere in sich einschließen. Entsagen heißt loslassen. Und das ist ja unser allerwundester Punkt. Wir haften an allem und jedem fest und machen es zu »mein«. Aus der Luftblase »Ich« versuchen wir einen Ballon zu machen und geben ihm alle möglichen Stützen, damit er nicht so leicht zerplatzt. Entsagen ist eine Lebensaufgabe. Sie zeigt sich im Kleinen und wirkt sich aus im Großen. Das heißt nicht, man müsse »alles« aufgeben. Was man aufgeben muss, ist das Anhaften an Menschen, Dingen, Ansichten, Meinungen. Eines Tages müssen wir alle das loslassen, woran wir am meisten anhaften: unseren Körper. Es kann nicht schaden, wenn wir uns auf diesen Moment, der tod-sicher kommt, beizeiten vorbereiten.

Nun zur vierten Tugend, zu Weisheit (*paññа*): Der Buddha sprach von »fünf spirituellen Kräften«, ohne die ein spirituelles Wachstum unmöglich ist, und verglich sie mit zwei Zweiergespannen Pferde, die zusammen einen Wagen ziehen, und einem Leitpferd, das vorausgeht und den Schritt angibt. Das kann so schnell oder langsam laufen wie es will, es braucht nicht mit den anderen Schritt zu halten, es gibt ihn ja an. Das ist die Achtsamkeit. Die beiden Pferdepaare aber müssen im Gleichschritt gehen, denn wenn eines der Paare schnell läuft und das andere langsam hinterherkommt, droht der Wagen umzukippen. Dieses erste Zweiergespann heißt Anstrengung und Konzentration. Die beiden gehören zusammen. Starke Anstrengung ohne Konzentration ergibt Unruhe. Die Konzentration, die man in der Meditation erreicht, bringt Energie und Frieden. Energie ihrerseits ist nötig, um Konzentration zu erreichen. Zu viel Konzentration, aber keine Anstrengung, bringt Lässigkeit. Das ist die Gefahr bei Meditationsmethoden, die nur auf Ruhe und nicht auf Klarblick ausgerichtet sind. Das andere Zweiergespann heißt Weisheit und Glaube. Dazu hat der Buddha folgendes Gleichnis gebraucht: »Weisheit ist wie ein kleiner Krüppel, der aber ganz scharfe Augen hat, und der Glaube ist ein Riese, aber der ist blind. Deshalb fordert er den kleinen Krüppel auf: ›Komm, reite auf meinen Schultern. Wir beide zusammen können sehr weit kommen.‹« Glaube ist zwar stark, er kann »Berge versetzen«, aber da er blind ist, weiß er nicht welche Berge. Aber Weisheit, der kleine Krüppel mit den scharfen Augen, kann die Richtung angeben. Weisheit allein – obwohl es sehr wünschenswert ist, weise zu sein –, hat eine gewisse Trockenheit an sich, wenn sich da innerlich nicht auch ein tiefer Glaube, ein tiefes Vertrauen entwickelt hat. Weisheit bleibt doch eher eine Angelegenheit des Geistes, Glaube eine des Herzens. Beide müssen aber zusammenwirken. Wenn nur das Herz aktiv ist, kann Gefühlsduselei dabei herauskommen; wenn nur der Intellekt funktioniert, ist das Ergebnis bloße Gedankenarbeit und kein Erleben. Erst Kopf und Herz zusammen ergeben eine Synthese. Jeder kann sie in sich hervorbringen; sie verschafft ein Gefühl der Unabhängigkeit.

Zu Weisheit gelangt man in drei Stadien: Im ersten soll man sich Wissen aneignen. »Weisheit« und »Wissen« sind ja auch sprachlich miteinander verwandt. Im Erwerb von Wissen sind wir hier im Westen besonders bewandert. Auch der Buddha sah darin einen Wert: erstens, um unabhängig zu sein und sich seinen Lebensunterhalt verdienen zu können, und zweitens, um sein Wissen mit anderen zu teilen, ihnen dadurch zu helfen. Auch Wissen über spirituelle Dinge kann man sich aneignen – inzwischen gibt es Hunderte von Büchern darüber; in Burma zum Beispiel leben drei Mönche, die den gesamten Pālikanon in Pāli auswendig können. Aber Wissen dieser Art ist nur der Anfang. Man muss es in sich verarbeiten und verdauen, wie man körperliche Nahrung verdaut. Erst wenn sie verdaut ist, wenn das, was der Körper braucht, in den Blutstrom übergegangen und das Unverdauliche ausgeschieden ist, hat die Nahrung ihren Zweck erfüllt. Genauso beim Wissen: verdauen, es sich »in Fleisch und Blut übergehen lassen«, es sich zu Eigen machen und das, was man nicht braucht, nicht verdauen kann – bei jedem etwas anderes – ausscheiden, fallen lassen; das, was man wirklich in sich aufgenommen hat, prüfen und danach zu leben versuchen – das führt zu Weisheit, die man vervollkommnen muss, um völlige Freiheit zu erlangen. Sich in Weisheit zu vervollkommnen ist nicht so einfach! Aber wir haben ständig Möglichkeiten, sie zu erweitern. Die ganze Welt in uns und um uns proklamiert das *Dhamma*, ruft ganz deutlich die Unbeständigkeit alles Existierenden aus; ruft aus, dass überall Unzulänglichkeiten sind, Unzufriedenheit, Unerfülltheit; und bei ganz genauem Hinsehen erkennen wir, dass alles in Bewegung ist und es keine feste Substanz gibt. Wir können ständig unsere Weisheit ein bisschen vergrößern, indem wir uns an das *Dhamma* (die Lehre) erinnern und es überall sehen. Das geschieht von selbst, wenn man sich genügend mit der Lehre beschäftigt hat und sie einem als das Wichtigste erscheint; dann wird jede Gelegenheit übersetzt in: »Wie sieht das aus im Lichte des *Dhamma*? Ist es mein Ego, das da am Werk ist und mich unglücklich macht? Oder ist da

Ruhe und Frieden?« Es gibt ja nur diese zwei Möglichkeiten: Ruhe und Frieden oder Aufregung und Unglücklichsein.

Die fünfte Tugend ist *Anstrengung / Willenskraft (viriya)*. Sie wird manchmal auch mit »Energie« übersetzt, aber dieses Wort wird gerade im Westen so viel ge- und missbraucht, dass die Bedeutung nicht mehr klar genug ist. Gemeint ist das richtige Maß an Anstrengung. Anstrengung ist der Brennstoff, mit dem wir diesen Pfad entlangschreiten oder -fahren oder -kriechen können. Sie ist einer der sieben Faktoren der Erleuchtung, also nicht zu unterschätzen!

Es gibt eine Geschichte aus der Zeit des Buddha von einem jungen Mönch, der aus sehr reichem Hause stammte und daher noch nie barfuß gegangen war. Mönche aber, das ist auch heute noch üblich, machen ihre Geh-Meditation barfuß, im heißen Klima ja kein Problem. Dieser Mönch war so erpicht darauf, *Nibbāna* so schnell wie irgend möglich zu erreichen, dass er in seinem Übereifer stundenlang auf seinem Meditationspfad hin- und herging. Es dauerte nicht lange, bis seine Fußsohlen ganz rauh wurden, sich entzündeten, aufrissen und bluteten, und das war natürlich äußerst schmerzhaft. Aber der Mönch ging immer weiter auf seinem Pfad auf und ab. Bis er eines Tages innehielt und nachdachte und zu dem Schluss kam, das Mönchsleben sei nichts für ihn, er wolle lieber zu seinen Eltern zurückkehren und mit ihrem Reichtum den Buddha unterstützen. Der Buddha hörte davon und ging diesen jungen Mönch besuchen. Er sah die Blutspuren und fragte ihn, woher sie stammten. Der Mönch antwortete: »Ich bin jetzt ein paar Monate hier und meditiere unablässig, aber erstens kann ich mich überhaupt nicht konzentrieren, und zweitens tun mir die Füße so weh, dass ich's nicht mehr aushalten kann. Ich will die Mönchsrobe wieder ablegen.« Der Buddha fragte ihn: »Als du noch im Hause deiner Eltern lebtest: Hattest du da eine *vina?*[3] Ja? Und die hast du selber gestimmt?« – »Ja, ich habe sie selber gestimmt.« – »Wenn du die Saiten zu locker gespannt hast: Hast du dann gut spielen können?« – »Nein, Herr, wenn die Saiten zu locker waren, habe ich überhaupt keinen Ton zustande gebracht.« – »Und wenn du sie zu straff gespannt hast: Hat es dann gut geklungen?« – »Nein, das hat sich fürchterlich angehört.« – Buddha: »Man muss sie richtig stimmen, nicht wahr?« – »Ja Herr, ich habe sie immer sehr gut gestimmt.« Und da verstand der Mönch, dass man auch sich selber, wie ein Musikinstrument, im genau richtigen Maß anspannen muss. Er blieb im Orden und übte weiter, nicht ganz so übertrieben, und schließlich wurde er erleuchtet.

Der Buddha war immer der Lehrer des mittleren Weges. Jeder kann die »Musik« nur in sich selber hören, nur er allein kann beurteilen, wann die Saiten recht gespannt sind. Das gilt besonders für die Meditationspraxis, aber auch im täglichen Leben. Im Westen lassen wir die Saiten eher zu locker. Uns fehlt es an genügend Ansporn, an ausreichender Motivation, um wirklich ganz intensiv zu üben. Ein anderer Fehler, in den wir leicht verfallen, ist der, dass unsere Anstrengung einer Zickzacklinie gleicht: Plötzlich packt uns die Idee, wir sollten zu Hause meditieren, Yoga üben, fasten. Ein, zwei Wochen strengen wir uns mächtig an, aber dann sacken wir ab, bis wir vielleicht nach einem halben Jahr wieder anfangen. Dieses Auf und Ab ist natürlich auch nicht sonderlich erfolgreich. Die Anstrengung muss regelmäßig und ausbalanciert sein, einem ständigen Seiltanz vergleichbar: Wer die Balance nicht halten kann, fällt unweigerlich hinunter. Ohne Anstrengung

---

[3] Ein indisches Musikinstrument, in etwa einer Gitarre vergleichbar, nur größer und sanfter im Klang.

erreichen wir ja auch im täglichen Leben nichts. Schon morgens aufzustehen erfordert Anstrengung. Wir alle haben eine ganze Menge Kräfte in uns, die brachliegen, die wir gar nicht kennen, weil wir sie noch nie erprobt haben. Wenn wir unsere Anstrengung jeweils über das augenblickliche Maß hinaus ein bisschen, nur ein bisschen, steigern, kommen wir an dieses Kräfte-Reservoir heran und merken: »Ah! Ich kann ja mehr, als ich dachte.« Es ist wie bei Yoga-Übungen. Der Körper hat eine gewisse Steifheit in sich, er kann sich nur soundso weit beugen und dehnen. Aber gerade in den Yoga-Übungen versucht man, noch ein klein wenig über diese Grenze hinauszugehen. Und es geht wirklich, man muss nur loslassen. Beim ersten Mal ist es etwas unangenehm, beim zweiten oder dritten Mal geht es ganz einfach. Dann hat man eine etwas größere Geschmeidigkeit erreicht. Genauso ist es mit dem Geist: Auch im Verständnis der Lehre kann man sich stets ein bisschen mehr abverlangen.

Um überhaupt meditieren zu können, brauchen wir Anstrengung, Energie, aber umgekehrt ist eine konzentrierte Meditation die beste Energiezufuhr. Die nötige Energie für die Meditation gewinnt man auch aus der Einsicht, dass sich der Energieverbrauch für die gewöhnlichen Alltagsbeschäftigungen beträchtlich reduzieren lässt.

Es ist sehr leicht möglich und auch nötig, in einer Meditationssitzung die Anstrengung immer wieder zu erneuern, wenn sie absackt und man nicht mehr weiß, worauf die Achtsamkeit gerichtet ist. Dann soll man die Augen öffnen, sich anders hinsetzen, alles andere ist besser als vernebelt dazusitzen! Wenn die Konzentration kommt, kann die Anstrengung gehen. Aber ohne Willenskraft haben wir keinen Brennstoff, können uns nicht vorwärtsbewegen. Da wir einen langen Weg zu gehen haben bis zu wirklicher Läuterung und Freiheit, unserem

Ziel, brauchen wir auch eine Menge Energie. Sie kann durch Willenskraft immer wieder angekurbelt werden.

Anstrengung darf aber nicht mit Erwartungen verknüpft sein, denn die haben oft Enttäuschungen zur Folge. Sie darf kein Zielbewusstsein enthalten, nur reines Beobachten, Kennenlernen, Wissen – eine Anstrengung, die das Gefühl des Gleichmuts in sich hat, nicht der Verspannung.

Ramana Maharshi, ein erleuchteter Weiser aus Südindien (er starb 1950 im Alter von 71 Jahren) hat gesagt: »Ruhe und Frieden sind nicht unser Geburtsrecht. Nur derjenige, der ständige Anstrengung macht, kann sie erreichen.« Mit Ruhe und Frieden verbinden wir leicht die Vorstellung, das komme so ohne Weiteres über einen. So ist es aber nicht. Man muss sich anstrengen, und zwar ständig, all das fallen zu lassen, was der Ruhe und dem Frieden im Wege steht.

Die sechste Tugend ist *Geduld* (*khanti*).

Geduld braucht man ganz bestimmt auf diesem Weg! Und zwar Geduld mit sich selber, sonst kann man sie auch nicht mit anderen haben. Man kann sie lernen, wie alle anderen Tugenden auch. Der erste Schritt ist, Ungeduld nicht zu unterdrücken, sondern anzuschauen, zu spüren, wie sie uns unglücklich macht, wie der innere Tumult Ruhe und Frieden erstickt. Der nächste Schritt ist, immer und immer wieder den Entschluss zu erneuern, sein eigener bester Freund zu sein – kein anderer wird sich dazu bereit finden! Als mein bester Freund füge ich mir nichts zu, was mich unglücklich macht. So logisch das klingt und schließlich auch ist, die wenigsten Menschen handeln nach dieser Maxime. Wir brauchen wirklich nicht in den Dschungel zu gehen, um seltsamen Gebräuchen zu begegnen; wir brauchen nur in den Dschungel des eigenen Herzens zu schauen! Drittens lernt man Geduld, wenn man erkennt, wie unbeständig auch das ist, was man gerade mit

Ungeduld angeschaut hat, wie es sich schon geändert hat, während die Ungeduld hochkam.

Geduld ist eine große Tugend. Sie hat auch mit Demut zu tun. Demut mag in manchen Ohren nach Mangel an Selbstachtung, Unterwürfigkeit, Erniedrigung klingen, aber mit alledem hat sie nicht das Geringste zu tun. Demut ist Entsagung: vom Ich, von Selbstbehauptung, von Ungeduld. Sie ist ein weiches Zustimmen, weil man eingesehen hat, dass das, was man selber will, genauso unwichtig ist wie das, was alle anderen wollen. Nichts anderes bringt Freiheit als der innere Kampf und das innere Siegen. »Derjenige, der tausendmal tausend Armeen besiegt, ist nichts, verglichen mit dem, der sich selber besiegt«,[4] sagt der Buddha. Der einzige Kampf, der es wert ist, gekämpft zu werden, ist der im eigenen Herzen.

Die siebte Tugend ist *Wahrhaftigkeit (sacca).*

Wahrhaftigkeit hat mehrere Bedeutungsaspekte. Einer ist natürlich der, die Wahrheit zu sprechen. Interessant ist, dass es auch bedeutet, die Wahrheit zu suchen. Menschen, die die Wahrheit suchen, sind rar, sagt der Buddha. Ich hoffe, wir gehören alle dazu! Es gibt nicht viele Wahrheiten, es gibt nur eine absolute Wahrheit. Schon die Suche nach ihr ist gutes *Karma*. Dazu gehört – ganz wichtig! – sich selber gegenüber Wahrhaftigkeit walten zu lassen, sich also ehrlich zu sehen und ehrlich zu beurteilen. Etwas Schwierigeres gibt es nicht! Sich selber so zu sehen, wie andere einen sehen, ist unmöglich, denn jeder sieht alles verfärbt vom eigenen Ego. Also können wir auch keinen anderen klar sehen. Daher sind unsere Urteile über andere Menschen ganz unnötig, denn sie sind allesamt falsch.

Der Buddha hat eine interessante Lehrrede gehalten, das

---

[4] Dhammapada 103.

Brahma-jāla-Sutta, in dem er alle 62 Ansichten beschreibt, die Menschen haben können. Sie sind, im tiefsten Sinn der Wahrheit, samt und sonders falsch. Denn alle gehen von einem falschen Standpunkt aus: dem der Ego-Illusion: »*Ich* glaube, *ich* denke, *ich* weiß, *ich* sehe, *ich* will, *ich* werde ...«, mit der wir andere und natürlich auch uns selber sehen. Wir können gar nicht anders. Je mehr wir aber in unsere eigene Tiefe zu gehen vermögen, desto mehr sehen wir die Wirklichkeit, und desto mehr wird uns auch das Ego bewusst werden, das da innen funktioniert. Über andere Menschen Urteile zu fällen ist völlig absurd, weil wir dabei nur ein Urteil über uns selber fällen. Wir können nie in einem anderen etwas sehen, das wir nicht in uns selber sehen. Wenn wir also über andere etwas aussagen, sollten wir sofort gewahr werden, dass wir eigentlich etwas über uns selber aussagen. Dann würden wir wahrscheinlich bald verstummen. Also: ehrlich sein mit sich selber!

Es gibt nicht den einen richtigen Weg, das wäre absurd. Es gibt den hohen Berg mit seinem Gipfel, aber zu dem führen viele Wege hinauf. Wir haben die freie Wahl unter einer ganzen Reihe von Bergführern. Man wird sich natürlich einen suchen, der schon einmal auf dem Gipfel war und den Weg genau kennt, und dem wird man sich anvertrauen und ihm unbeirrbar folgen, auch wenn man auf einem anderen Weg eine andere Gruppe aufsteigen sieht. Von einem Weg zum anderen zu hüpfen führt nie vorwärts. Im Gegenteil: Die Gefahr abzurutschen ist größer, als man gemeinhin annimmt. Ehe man auf dem Gipfel war, wird man die Wahrheit nicht wissen. Aber es hat keinen Sinn, die Augen den ganzen Weg über nur auf den Gipfel zu richten. Dann achtet man nicht auf den nächsten Schritt und rutscht immer wieder ab. Nur dieser eine Schritt »jetzt« ist wichtig. Alle anderen sind entweder Vergangenheit oder Zukunft. Wenn man sich dann nach diesem einen getanen Schritt umschaut und weiß, man ist einen Schritt höher gekommen, kann man Vertrauen haben, auf dem richtigen Weg zu sein. Unterschwellig lebt wohl in jedem Menschen der Drang nach einem Gipfel. Nur besteht sehr oft Unklarheit darüber, dass der rein spirituell ist. Dass das Ego abgelegt werden muss, ist unbequem und deshalb nicht so populär wie der Drang nach dem »Besseren« und »Höheren«, der für die meisten heißt: mehr und Besseres haben wollen.

Wir sind also auf der Suche nach der Wahrheit, die völlig befreit. Das ist die höchste Wahrheit und der höchste Weg, den man einschlagen kann.

Die achte Tugend ist *Entschlusskraft* (*adhitthāna*). Was beim Auto der Anlasser, ist Entschlusskraft für unseren Willen. Pausenlos müssen wir uns entschließen, beim morgendlichen Aufstehen angefangen. Je leichter wir unsere Ansichten und Gewohnheiten ändern können, desto leichter können wir Entschlüsse fassen. Je mehr wir an unseren Gewohnheiten, Meinungen und Ansichten haften, desto schwerfälliger sind wir. Und je schwerfälliger wir sind, desto schwerer nehmen wir auch uns selber. Es gibt ein sehr nettes Buch von Steven Levine, darin steht: »Die Engel können fliegen, weil sie sich selber leicht nehmen.« Wenn wir anfangen wollen zu »fliegen«, müssen wir anfangen uns leicht zu nehmen; dann hängen wir nämlich nicht daran fest, wie etwas althergebracht ist, immer gemacht wurde, wie wir es uns vorgenommen hatten, wie wir glauben, es müsse sein; sondern wenn wir sehen, dass sich etwas Neues bietet, sind wir imstande, die nötigen Entschlüsse zu fassen. Wir können unseren Geist leicht wenden. Diese Entschlusskraft, die wir zu allem brauchen, ist natürlich bei der Meditation ganz besonders wichtig. Deshalb empfehle ich immer wieder: Fassen Sie, wenn Sie sich hinsetzen, den starken Entschluss, sich zu konzentrieren, und erneuern Sie ihn während der Meditationssitzung, geben Sie Ihrem Geist einen kleinen Stups, denn er leidet unter demselben Gesetz der Schwerkraft wie der Körper. Ohne Entschlusskraft sind Meditation und spiritueller Pfad nur eine halbe Sache. Sich mit ganzem Herzen hingeben zu können, ist schon ein Teil des Erfolges: Das Ego ist dabei ein wenig ausgeschlossen. Sich einem spirituellen Pfad ohne jeden Vorbehalt hinzugeben bedeutet den Entschluss, *dukkha* ein für allemal zu beenden. Allein schon dieser Entschluss nimmt dem Ego etwas von seiner Stärke, denn das will ja weiterhin unterstützt werden. Hinter Vorbehalten, Einwänden und Halbherzigkeit steckt auch Angst: Man ist sicher, dass man die Dinge, an denen man hängt, bei voller Hingabe an einen spirituellen Pfad verlieren wird. Man verliert sie aber nicht. Man lässt sie los; man verliert sein Anhaften und gewinnt Freiheit.

Über die beiden letzten der zehn Tugenden, die einen Vollendeten ausmachen, habe ich zu Beginn gesprochen:

9. *Liebende Güte* (*mettā*) und

10. *Gleichmut* (*upekkhā*).

Gleichmut ist die Krone aller Emotionen. Er ist eines der sieben Erleuchtungsglieder. Ohne Gleichmut gibt es keine Erleuchtung, ohne Erleuchtung keinen vollkommenen Gleichmut. Ihn vor allem müssen wir üben.

Gleichmut heißt akzeptieren, dass alles so ist, wie es ist, in jeder Situation das *Dhamma* sehen und von ihm lernen und jede Situation freudig als Lernsituation betrachten. Sich über *dukkha* zu freuen, ist schon eine höhere Kunst – zu wissen, dass es einem zum Guten gereicht und man zu nichts anderem in diesem und in allen anderen Leben auf die Welt kam als zu lernen, als aufzuwachsen, wirklich einmal erwachsen zu werden, nicht den Jahren, sondern den Emotionen und Reaktionen nach. Ein großer und anhaltender Lernprozess, der sich nicht in einem und auch nicht in vielen Leben abschließen lässt. Es ist mit ziemlicher Sicherheit anzunehmen, dass wir alle, die wir hier sitzen, das schon viele Leben lang versuchen.

Als ich meinem Lehrer in Sri Lanka, einem sehr alten und angesehenen Mönch, einmal sagte, ich meditierte schon seit zwanzig Jahren, brach er in schallendes Gelächter aus. Als ich ihn fragte, warum er lache, sagte er: »Haha! Zwanzig Jahre … mindestens zwanzig Leben! So schnell geht das nicht.« Wir machen das also nicht zum ersten und höchst wahrscheinlich auch nicht zum letzten Mal. Sollten wir uns dann wiedertreffen, werden wir einander genausowenig wiedererkennen wie jetzt. Aber das schadet ja nichts.

Diese zehn Tugenden, die ein Bodhisatta vollenden muss, sind in uns allen vorhanden, in viel größerem Maße, als wir gewahr sind. Aber wir müssen an sie herankommen können, brauchen einen Eingang; und der muss mit Vernunft gefunden werden.

Es lohnt sich, sie zu vervollkommnen, darauf wenigstens hinzuarbeiten. Ein spiritueller Pfad, welchen Namen er auch haben mag, ist nichts anderes als Arbeiten an sich selber. Davon kommt Läuterung, Reinigung, und davon profitiert die Meditation, wie umgekehrt mit der Meditation auch Läuterung und Reinigung entstehen.

Es gibt eine Geschichte von einem Minister am kaiserlichen Hof zu Peking, einem sehr angesehenen Mann, der sein Leben lang die Lehre des Buddha praktiziert hatte. Als er in die mittleren Jahre kam, stiegen plötzlich Zweifel in ihm auf, ob er überhaupt richtig praktiziert habe. Er hatte nämlich ganz ohne Lehrer geübt. Jetzt begann er darüber nachzudenken und suchte einen Lehrer, konnte aber keinen finden. Er wollte wissen, was die Essenz der buddhistischen Lehre sei, aber keiner konnte ihm das so recht erklären. Doch eines Tages traf er jemanden, der ihm einen sehr guten Lehrer empfahl; der lebe auf einem Berg in einer Höhle in der Nähe eines kleinen Dorfes. Damals gab es noch keine öffentlichen Verkehrsmittel, also machte sich der Minister mit einer Eselkarawane auf den Weg. Die Diener bepackten die Esel mit Zelten, Kochgeschirr etc., und er selber wurde in einer Sänfte getragen. Jeden Abend schlugen sie die Zelte auf, kochten, und am nächsten Morgen ging es weiter. Nach etwa zwei Wochen erreichten sie das Dorf und erfuhren dort den Weg zu dem Weisen.

Der Minister ließ seine Diener und die Packesel unten im Dorf zurück, nahm ein paar Geschenke mit und kletterte den Berg hinauf. Als er die Schneegrenze erreichte, saß da ein alter Mann, nur mit einem Lendenschurz bekleidet. Das beeindruckte den Minister sehr. Er verbeugte sich vor dem Weisen und sagte ihm, er sei gekommen, um ihn etwas zu fragen. Der Weise bat ihn in seine Höhle, der Minister überreichte seine Geschenke und stellte schließlich seine Frage: Er praktiziere jetzt schon dreißig Jahre die buddhistische Lehre, aber er sei nicht sicher, ob er es richtig gemacht habe. Er sei gekommen, ihn nach der Essenz der Lehre des Buddha zu fragen. Der alte Weise schwieg eine Weile, ehe er antwortete: »Nie Böses tun, immer das Gute pflegen. Und sein Herz reinigen. Das ist die Lehre des Buddha.«[5] Dann schwieg er wieder. Der Minister wartete auf weitere Erklärungen, aber es kam nichts. Nach einer Weile sagte er: »Ja, aber das weiß doch jedes Kind hier im ganzen chinesischen Kaiserreich. Ich bin zwei Wochen gereist, um zu dir zu kommen – hast du mir weiter nichts zu sagen, als was schon die Kinder auswendig wissen?« Der Weise antwortete: »Vielleicht wissen es alle Kinder im chinesischen Kaiserreich. Aber welcher alte Mann, selbst von achtzig Jah-

---

[5] Dhammapada 183.

ren, könnte es befolgen?« Der Minister musste sich mit dieser Antwort zufrieden geben und wieder nach Hause gehen.

Der Buddha hat das 45 Jahre lang gelehrt und in rund 17.500 Lehrreden von allen Seiten beleuchtet. Man sollte meinen, es sei ganz einfach. Aber es hört sich eben nur so einfach an. Und das ist auch eine Einzigartigkeit der Lehre des Buddha: Sie ist ganz einfach zu verstehen, aber nicht einfach zu verwirklichen. Man darf sich davon, dass sie so einfach zu verstehen ist, nicht trügen lassen und meinen, damit sei es schon getan. Dieses Verstehen ist der erste Schritt, ist das Wissen. Erst das Tun bringt dann die Weisheit. Und gerade zwischen dem Verstehen und dem Können, zwischen dem Wissen und der Weisheit ist eine so enorme Spanne! Die Spanne ist viele Meilen weit. Aber weil wir alle diese brachliegenden Kräfte in uns haben, ist es durchaus möglich – für jeden! – die Lehre zu verwirklichen.

VII

Die fünf Hindernisse

Es ist an der Zeit, uns einmal anzuschauen, was uns eigentlich davon abhält, all das zu verwirklichen, wovon ich bisher gesprochen habe: die vier höchsten Emotionen, das höchste Glück, die zehn Tugenden. Was behindert uns also auf dem Weg zu *Nibbāna*? Auch darauf gibt der Buddha eine klare Antwort: die fünf Hindernisse in uns. Jeder hat sie, alle fünf, nur in verschiedenem Grade, solange er noch ein Weltling ist. Es kommt darauf an herauszufinden, mit welchem der fünf man am meisten zu kämpfen hat, welches immer wieder erscheint. Diese fünf Hindernisse sind unsere Feinde, aber ihr Sitz ist im eigenen Herzen. Obwohl sie uns nichts als Schwierigkeiten machen, durchschauen wir sie nicht, halten sie für Freunde und rechtfertigen ihre Torheiten, und wenn wir am Ende unglücklich durch sie geworden sind, suchen wir den Grund überall, nur nicht in uns selber.

Der Buddha hat gesagt, wir halten *dukkha* für *sukha* und *sukha* für *dukkha*: Wir verwechseln Leid und Freud miteinander. Wir erkennen nicht, was uns Leid bringt, also können wir uns nicht einmal bemühen, es nicht hereinzulassen. Der Buddha hat den Geist mit Gold verglichen. Gold kommt in der Natur nicht rein vor, es ist mit fünf Unreinheiten vermischt (Silber, Eisen, Kupfer, Zinn und Blei). Mit diesem Rohgold könnte kein Goldschmied etwas anfangen, es lässt sich nicht formen, sondern ist so spröde, dass es zerbricht. Er muss zuerst die Unreinheiten herausschmelzen, dann hat er eine Substanz, die ganz schmiegsam ist und sich jeder Form fügt. So ist es mit unserem Geist. Fünf Unreinheiten machen ihn spröde und hindern uns, mit einem schmiegsamen und biegsamen Geist in die Weite zu gehen, das Unendliche zu erfassen. Ja, nicht einmal in der Nähe vermögen wir uns den Tatsachen zu beugen. Wir leisten ständig Widerstand, weil der Geist diesen Widerstand in sich hat. Der Buddha hat uns erklärt, wie wir davon loskommen können. Das ist das einzigartige an seiner Lehre, dass er uns nicht nur unsere Fehler zeigt, sondern ein Rezept gegeben hat, wie wir es richtig machen können. Das setzt freilich die eigene Einsicht voraus, dass wir diese Unreinheiten in uns haben.

Besonders der erste unserer fünf Feinde, die *Sinnesbegierde (kāmacchanda)*, hat leichtes Spiel uns einzureden, er wolle uns nichts als Freude machen. Eine kurze Weile hält er dieses Versprechen auch; dann sind wir wieder aufs Neue verführt. Die Begierde nach Sinnesbefriedigung wird allerorten geschürt, unsere ganze Gesellschaft ist darauf aufgebaut. Denn wenn unsere Sinne nicht befriedigt sein wollten, müssten wir nichts mehr kaufen – unser Wirtschaftssystem würde zusammenbrechen. Also werden wir überlistet, noch und noch zu kaufen, und wer sich »alles« leisten kann, gilt als der Erfolgreichste. Wenn er trotzdem nicht glücklich ist, ist er selber schuld; dann hat er irgendetwas falsch gemacht. Was dieser Mensch falsch gemacht hat, ist das, was wir alle falsch machen: Wir glauben, unsere Sinne könnten uns irgendein Glück bringen. Sie können aber überhaupt kein Glück bringen, und das sehen wir nicht ein. Unsere Sinne betrügen uns pausenlos. Nicht nur, dass die Sinnesbefriedigungen schnell vorbeigehen, nein, sie müssen sogar schnell vorbeigehen. Stellen Sie sich vor, Sie müssten Ihr Lieblingsgericht fünf Stunden lang ununterbrochen essen.

Entsetzlich! Oder Sie sind durchgefroren und gönnen sich eine heiße Dusche – ein Labsal! Man zwingt Sie aber, fünf Stunden unter der heißen Dusche stehen zu bleiben – schrecklich! Für einen Augenblick ein Hochgenuss, auf Dauer eine Qual.

Wie unter Zwang suchen wir immer wieder von Neuem die momentane Befriedigung der Sinne. Immer wieder müssen wir etwas Leckeres essen; immer wieder möchten wir nur Angenehmes hören, um unserem Geist Unbequemlichkeiten zu ersparen; wir sind betört von Wohlgerüchen und meiden alles, was unangenehm riecht; und wenn wir etwas sehen, das uns gefällt, wollen wir es gleich haben. Gefällt uns aber etwas nicht, tritt an die Stelle der Besitzgier Abwehr.

Ganz versessen sind wir auf Komfort. Wenn wir ihn einmal entbehren müssen, sind wir ungehalten und setzen alles daran, unserem Körper schleunigst sein gewohntes Behagen zu verschaffen. Das geht aber nicht immer, zum Beispiel im Alter oder bei Krankheit. Wir tun daher gut, beizeiten zu lernen, dass das alles nur Sinnesbefriedigungen sind, die nur momentan den Anschein von Vergnügen erwecken und sofort wieder zerfallen.

Der Buddha hat uns mit einem Reisenden verglichen, der sich ohne Proviant auf den Weg macht. In der Ferne sieht er ein Dorf und freut sich schon auf Essen und Trinken. Als er hinkommt, sieht er: Das Dorf ist ausgestorben. Er muss also weiterwandern und sieht wieder ein Dorf; wieder dasselbe. Und immer wieder. Die Sinnesbefriedigungen gleichen einem ausgestorbenen Dorf: Sie sind leer. Und doch – das ist das Paradoxe an uns – sind wir mit nichts anderem beschäftigt. Um davon loszukommen, muss schon etwas Einschneidendes geschehen. Im Prinzip ist unser ganzes Leben an der Befriedigung der Sinne ausgerichtet. Alles, was wir tun, zielt darauf hin. Unsere Sinneskontakte sind unsere Welt. Wir kennen keine andere. Sie sind die Welt, die wir sehen, die wir hören, die wir schmecken, die wir riechen, die wir fühlen und die wir erdenken. Stellen Sie sich vor, Sie würden heute blind – eine andere Welt. Oder taub, vollkommen taub – eine andere Welt. Oder Sie verlieren die Geschmacksnerven – eine andere Welt. Das heißt natürlich nicht, dass es gut wäre, die Funktion unserer Sinnesorgane einzubüßen. Im Gegenteil. Wir müssen uns nur einmal darüber klar werden, wie wir unser Leben zubringen, und dass es etwas anderes gibt. Es bedeutet auch nicht, dass wir uns nicht an den angenehmen Sinneskontakten erfreuen dürften.

Darüber im Zweifel war ein westlicher Schüler des Ehrwürdigen Ajahn Chah, eines thailändischen Mönchs und Meditationsmeisters: Er habe jetzt eine Menge vom Buddhismus gehört, und immer sei die Rede von *dukkha*, vom Leiden. Ob das heiße, dass es falsch sei, sich an etwas zu erfreuen. »Siehst du dieses Glas hier vor mir auf dem Tisch?«, erwiderte ihm der Meister. »Für mich ist es schon zerbrochen. Aber solange es noch heil ist, hält es mein Trinkwasser, hält es sogar kühl. Wenn die Sonne daraufscheint, entstehen wundervolle Farben, die sich im Wasser spiegeln. Und wenn ich mit dem Nagel daranstoße, gibt es einen schönen Klang. Aber sollte es runterfallen und zerbrechen – alles, was ich dazu sagen würde, wäre: selbstverständlich!« Alles, was wir haben, woran wir uns erfreuen, muss für uns schon zerbrochen sein. Denn sonst ist es eine Tragödie, wenn etwas in die Brüche geht. Aber wir sehen die Wahrheit des ewigen Wechsels und Sichveränderns nicht, und deshalb lehnen wir uns gegen jeden Verlust auf, sei es an Menschen, Dingen, Gefühlen, was immer uns lieb und teuer ist. Und dieses Auflehnen, der Widerstand, den wir dabei leisten, bringt Leid. Wir lehnen uns gegen die Wahrheit auf, dass alles, was existiert, zerbricht. Weil nichts bleibt, kann man an nichts anhaften. Jegliches Haften an Ideen, an Vorurteilen, an Gewohnheiten und Gebräuchen, an Dingen und Menschen ist unser eigener Zerfall, unser Leid.

Sinnesbegierde ist ein großer Feind der Meditation; sobald es sich nicht mehr angenehm anfühlt, wie man sitzt, ist man auf Änderung aus. Oder uns knurrt morgens der Magen, und schon denken wir nur noch an Frühstück. Wenn wir etwas hören, das uns missfällt, lehnt sich der Geist dagegen auf: »Verdammt, wie soll man denn da meditieren können?« Sehen wir hingegen etwas, das uns sehr wohl gefällt, ist der Geist damit beschäftigt, es haben zu wollen: »Ach, ist das hübsch hier! Man sollte wirklich auf dem Lande leben. Ich ziehe um!« Alles Störenfriede, die uns aus der Ruhe der Meditation herausbringen oder gar nicht erst hineinlassen.

Mit diesem ewigen »es soll sich schön anhören, anfühlen, hübsch aussehen, gut riechen und schmecken« hat man so viel zu tun, dass die Energie, die ja in jedem Menschen begrenzt ist, aufgebraucht wird.

Aber nicht genug damit, dass wir unsere Energie vergeuden und in der Meditation gestört werden – wir verfallen, was noch viel schlimmer ist, in Leidenschaften, die unser Leben völlig durcheinanderbringen, wenn wir uns nämlich einreden, ohne bestimmte Menschen oder Dinge oder Situationen nicht weiterleben zu können. Eine Verstrickung, die uns ganz und gar abhängig macht, die natürlich mit Ängsten verwoben ist und mit Blindheit: Wir sehen nur noch die Leidenschaft, das »Brauchen«. Das aber ist ein Fehlschluss. Weder kann es garantiert werden, noch ist es zum Überleben nötig, dass unsere Sinneskontakte immer angenehm sind. Die Relation ist ungefähr halb zu halb; wenn wir sehr gutes *Karma* haben, dann vielleicht 60% angenehme zu 40% unangenehmen, bei schlechtem *Karma* umgekehrt.

Unser Leben verläuft in der falschen Richtung, solange wir nicht erkennen, dass wir nur der Sinnesbegierde frönen, und anfangen, uns davon abzuwenden. Das bedeutet nicht, das möchte ich noch einmal betonen, wir dürften uns an dem, was uns gegeben ist, nicht freuen – im Gegenteil. Wir sollen dafür dankbar sein und uns daran erfreuen, dass wir gutes Essen und komfortable Häuser haben und uns so viel leisten können. Aber wir dürfen es erstens nicht als unser Recht betrachten – »ich hab mir das erarbeitet« – und zweitens nicht in Widerstand oder gar Depression verfallen, wenn die Sinneskontakte mal weniger angenehm sind, sondern müssen klar sehen, dass es beides gibt. Was wir haben, haben wir uns durch unser gutes *Karma* erworben; um es zu wahren, müssen wir weiterhin gutes *Karma* machen. Wenn wir gutes *Karma* gemacht haben, ist es viel einfacher, mit dem Körper fertig zu werden – wofür wir besonders dankbar sein können. Haben wir aber Schwierigkeiten mit dem Körper, auf dessen Konto ja die meisten unangenehmen Gefühle gehen, dann auch das nicht ablehnen! Die Begierde nach dem Angenehmen und der Widerstand gegen das Unangenehme ist das, was uns in *Saṁsāra*, im Kreislauf von Leben und Tod, festhält.

Unsere innere Reinheit bestimmt das Maß unserer Sinnesfreuden. Der Buddha hat auch den Geist zu den Sinnen gerechnet. Möglichst viele freudige und schöne Gedanken in uns zu tragen, ist auch ein Zeichen von Reinheit und hilft uns, über die Befriedigung der anderen fünf Sinne und unser Anhaften daran hinauszukommen.

Alles auf der Welt ist auf Vielfalt (*papañca*) angelegt, auch in der Natur: nicht eine Baum-, Blumen-, Vogelart, nein, es gibt unzählige Pflanzen- und Tiergattungen, Menschenrassen, Wolkenformen, Mineralien, Landschaften. Deshalb sind auch wir ständig auf Vervielfältigung aus.

In meiner Kindheit gab es zwei Autofarben: grau und schwarz. Heute hat man die Wahl zwischen vielen Schattierungen von Rot, Grün, Blau, Braun, Gelb und so weiter. Und es gab damals drei Eissorten: Schokolade, Vanille, Erdbeer. Heute gibt es eine Ladenkette, die 33 verschiedene Sorten Eiskrem anbietet. Der Mensch ist so, dass er aus Übersättigung die Abwechslung sucht. Denken Sie nur an die Tausende und Abertausende Bücher, die über alle möglichen und unmöglichen Themen auf dem Markt sind. Kaum haben wir eines ausgelesen, greifen wir zum nächsten.

Der Buddha hat die Sinnesbefriedigungen mit Schulden machen verglichen. Im Unterschied aber zu Bankschulden, die man in der Regel tilgen kann, stellen die Sinne stets von Neuem ihre Forderungen. Noch auf dem Sterbebett suchen wir Komfort. Und im nächsten Leben beginnt der Teufelskreis von vorn. Die Sinnesschuld können wir nie abzahlen – bis zu dem Moment, wo wir uns klar darüber werden, dass sie eine ganz unnötige Schuld ist, die wir ja gar nicht zu zahlen brauchen; denn wir müssen ja gar nicht nach diesen Befriedigungen suchen. Einige werden uns zuteil, andere nicht, wir nehmen an, was kommt.

Der Buddha hat Gegenmittel empfohlen, die uns helfen sollen, aus unseren Sinnesverstrickungen herauszukommen. Die zwei wichtigsten helfen gegen alle fünf Hindernisse: Edle Freunde und Edle Gespräche. Edle Freunde, die man braucht, um auf dem spirituellen Pfad wirklich vorwärts zu kommen, sind Menschen, die auf diesem Pfad selber schon weitergeschritten sind. Das bedeutet nicht, dass man die anderen Freunde alle hinauswirft, sich nicht mehr um sie kümmert, sich distanziert: »Ihr seid mir nicht spirituell genug, mit euch will ich nichts zu tun haben.« Das wäre herzlos.

Nötig ist vielmehr, dass man auch Freunde findet, die selber den spirituellen Pfad gehen und uns vielleicht schon um ein paar Schritte voraus sind. Denn nur ein solcher Mensch ist ja in der Lage, uns zu erkennen. Nur einer, der schon ein bisschen höher auf einen Berg hinaufgestiegen ist, hat einen Überblick über das, was unten liegt, kann erkennen, wo unsere größten Schwierigkeiten liegen und uns darüber hinweghelfen, nicht mit Kritik und Tadel, sondern in Liebe. Im Allgemeinen hat jeder die Freunde, die ihm zukommen. Wir begegnen uns immer wieder selber. Es ist ein karmisches Gesetz, dass die Freunde da sind, die man sich selber durch seine innere Tätigkeit erworben hat. Die Edlen Gespräche, die man mit Edlen Freunden führen kann, sind sozusagen die Speise für den Geist. Ein Edler Freund ist schon gefestigter als man selber, daher begeben sich seine Gespräche nicht auf Abwege. Ānanda sagte einmal zum Buddha: »Herr, ein guter Freund ist das halbe heilige Leben.«

»Sage das nicht, Ānanda«, erwiderte ihm der Buddha, »ein guter Freund ist das ganze heilige (spirituelle) Leben.«

Es genügt, nur einen solchen guten Freund zu haben, der uns immer wieder daran erinnert: »Hier geht es lang, nicht dort!« Es ist, wie der Buddha es nannte, die »größte Liebestat«; es gibt keine größere, als einem Menschen das *Dhamma* zu geben.

Gegen die Sinnesbegierde hat der Buddha ferner mäßiges Essen empfohlen. Es muss nicht gleich Fasten sein. Der Buddha war ein Lehrer des mittleren Weges und vermied Extreme. Extrem ist zügelloser Genuss, und extrem ist Selbstkasteiung. Mäßiges Essen ist gerade in unserer Gesellschaft mit ihrem Überangebot an Nahrungs- und Genussmitteln ein sehr gutes Gegenmittel. Der Zaun aber, den wir gegen einen Feind aufstellen, wehrt zugleich alle anderen ab. Mit demselben Zaun hält man zehn Kühe genauso aus dem Garten heraus wie eine. Da es für uns so leicht ist, uns Nahrung zu beschaffen, verfallen wir leicht in den Fehler, nur zur Sinnesbefriedigung zu essen und zu trinken. Darauf ist auch der folgende kleine Spruch gemünzt, den wir vor dem Mittagessen rezitieren, damit wir einmal Essen als das erkennen, was es wirklich ist: ein Mittel, diesen Körper am Leben zu erhalten.

Ich esse diese Mahlzeit mit Achtsamkeit,
nicht zum Vergnügen, nicht zur Verschönerung,
sondern nur, um diesen Körper am Leben zu erhalten,
damit er keinen Schaden erleidet,
um Hunger und Übersättigung zu vermeiden.
Dann erleide ich keine körperlichen Schwierigkeiten
und habe ein einfaches Leben.

Nasrudin, ein großer Sufimeister, hat zu Ansichten etwas Wichtiges gesagt: »Versucht nicht, erleuchtet zu werden. Lasst nur alle eure hergebrachten Ansichten und Meinungen fallen.« Das ist schwer, zumal wir sie schon so lange mit uns herumschleppen, denn wir waren ja schon so oft hier. Und in diesem Leben »lange« heißt, sie haben schon so tiefe Furchen in unseren Geist hineingegraben, dass wir bereits meinen, es gehe gar nicht anders. Der ganze spirituelle Pfad ist ein Weg des Loslassens, nicht ein Weg des Erreichens. Es gibt nichts zu erreichen, es ist alles schon da. Aber wir haben uns durch unsere Vorstellungen, Meinungen, Gebräuche, Begierden und fixen Ideen die rechte Ansicht verbaut. Jesus hat einmal gesagt: »Seid wie die Kinder«. Damit hat er nicht gemeint, wir sollten unwissend sein wie ein Kind, das noch nichts gelernt hat, sondern so offen allem gegenüber, dass man es mit neuen Augen sieht. Nicht nur Dinge, die sowieso erstaunlich sind, nein, alles; jede Bewegung, jeden Atemzug, jeden Schmerz, auch jeden Widerstand: alles ganz neu sehen. Derselbe Gedanke, dasselbe Gefühl waren ja wirklich noch nie da; sie sind ganz neu. Wenn wir an alles mit unseren alt hergebrachten Meinungen drangehen, lernen wir nie etwas dazu.

Der spirituelle Pfad ist ein Pfad des Loslassens vor allem dessen, was wir haben wollen. Das müssen nicht immer Sachen sein; nicht jeder ist auf ein eigenes Haus, ein Auto, den Schrank voll Garderobe erpicht. Aber wir sind ja auch auf Ruhm aus, auf Anerkennung, Liebe, alles Mögliche. Vor lauter Habenwollen sehen wir nichts anderes mehr. Habenwollen ist nichts anderes als die Unterstützung des Ichs, Loslassen das Loslassen des Ichs, immer tiefer und tiefer, bis wir eines Tages erkennen, dass es nie Substanz gehabt hat. Die Sinnesbegierde, die uns ständig peinigt, ist natürlich die Bestätigung des Ichs. »Ich hab es gern, es ist mir angenehm, ich freu mich dran, es ist schön, drum will ich es wiederhaben«. Der Buddha hat sie mit einem Wassertümpel verglichen, in den viele Farben hineingeschüttet wurden, so dass das Wasser nicht mehr zum Spiegel taugt.

Ein weiteres Gegenmittel gegen die Sinnesbegierde ist, nicht das Ganze zu betrachten, sondern jeden seiner Teile. Das ist ungewohnt für uns. Wir nehmen uns selber und andere Menschen und auch die Dinge als ganze Gestalt wahr, nicht als eine Unmenge kleiner Teile. Nehmen wir zum Beispiel ein Auto: Wir gucken es an und sagen: »Fantastisch! Ein 1983er Porsche!« Und wenn wir sehr begierig sind und diesen 1983er Porsche dann zufällig in einem Schaufenster entdecken und lange genug davor stehen bleiben, reden wir uns womöglich ein, wir »brauchen« dieses Auto; nicht, dass wir es »haben wollen«, wir »brauchen« es. Dann fehlt nur noch, dass wir in den Laden hineingehen, einen Scheck über zigtausend Mark unterschreiben, beseligt davonfahren – und fünf Minuten später Besitzer eines Gebrauchtwagens sind. Die Freude hält eine Weile an, bis der Wagen die ersten Mucken hat. Statt sich von der schnittigen Form, den technischen Raffinessen, dem blitzenden Chrom, der luxuriösen Innenausstattung, der schönen Farbe blenden zu lassen, sollten wir einmal nur das linke Hinterrad oder nur die Bremse ins Auge fassen. Niemand ist so töricht, zigtausend Mark für ein Hinterrad oder eine Bremse auszugeben. Das begehrte Objekt besteht aber aus Bremse, Anlasser, Steuerrad, Motor, einer Unmenge von Schrauben und Kleinteilen. Genauso ist es bei einer Person. Sehen wir uns doch einmal, statt uns von Form und Farbe betören zu lassen, beim Modell »Junge Dame, Jahrgang 1970« nur ihr rechtes Ohrläppchen ganz genau an oder ihren linken großen Zeh. Niemand wird seinen Herzensfrieden wegen eines rechten Ohrläppchens verlieren. Wir sind nicht das Ganze. »32 Teile des Körpers, das nenne ich mein Ich«, sagt der Buddha; und: »Wer sich nicht um die Achtsamkeit auf den Körper kümmert und den Körper nicht richtig versteht, so wie er ist, der hat nicht den Weg zu *Nibbāna* gefunden.« Das ist eine Methode, es gibt noch andere. Aber diese eine ist sehr beherzigenswert und aufschlussreich: »Wie reagiere ich darauf? Was fühle ich dem gegenüber?«

Ich kann mich genau erinnern, wie ich zum ersten Mal hörte, der menschliche Körper sei schon an sich ekelhaft: Ich stellte mich in Gedanken auf die Hinterbeine und fing sofort an zu argumentieren: »Was? Ekelhaft? Er ist doch ein Wunderwerk! Sieht schön aus, funktioniert großartig ...« Ich habe damals nur nicht richtig hingeschaut. Stellen Sie sich einmal vor, alles, was in dem Körper drin ist, herauszuholen und vor sich auszubreiten. Oder in ein Leichenschauhaus zu gehen. Da werden wir alle einmal sein. Sehr interessant! Besonders in Asien, wo es keine Eiskühlung gibt, wo die Leichname so aufbewahrt werden, wie sie sind. Es lohnt sich, darüber nachzudenken.

Machen Sie einmal in Gedanken die Haut auf und schauen Sie nach, woraus ein Mensch besteht: aus Blut, Urin, Schleim, Speichel, Knochen, Sehnen, Kot … Wenn Sie eben bei dieser kurzen Aufzählung ein Gefühl des Widerwillens hatten, kann ich Ihnen garantieren: Das ist genau die Meditationsmethode, die Sie machen müssten; aber mit keinem anderen als sich selber, um nicht Abscheu gegen einen anderen Menschen zu entwickeln. Jeder, der sich dagegen wehrt, die Haut zu öffnen und in sich hineinzugucken, ist zu sehr in seinen Körper verliebt. Was hat es wirklich auf sich mit »meinem« Körper? Ein Haufen Teile, die, solange sie noch gesund sind, einigermaßen funktionieren, restlos wohl bei keinem. Wenn aber sowieso keiner dieser Einzelteile, aus denen wir bestehen, »ich« bin – woran hafte ich dann eigentlich an? Sich einmal in Gedanken in seine Einzelteile zu zerlegen kann helfen, den Sinnesbegierden eine Barriere zu bauen. Statt »Sinnesbegierden« können wir auch – ein sehr starkes Wort – »Gier« sagen. Gier und Hass machen uns ständig zu schaffen, sie arbeiten Hand in Hand, und wir geben ihnen stets nach. Wenn wir also der Gier Herr würden, könnten wir auch jeglichen Hass überwinden.

Unser zweiter Feind heißt *Ärger und Böswilligkeit* (*vyāpāda*), dazu gehört auch Wut, Abwehr, Widerstand, Ablehnung, Übelwollen.

Wenn wir dem ersten Feind, der so schwer zu erkennen ist, weil er so viel Annehmlichkeiten mit sich bringt, den Weg versperren, versperren wir ihn auch dem zweiten. Der ist jedenfalls ganz einfach zu erkennen. Jeder empfindet Böswilligkeit als unangenehm, im Unterschied zur Sinnesbegierde, die oft angenehme Folgen für uns hat. Die Gesellschaft verurteilt die Böswilligkeit, vor allem, wenn sie so krasse Formen annimmt wie Mord und Totschlag, Anfeindungen oder Verleumdung, aber sie verurteilt nie unsere Sinnesbegierden, im Gegenteil, sie schürt sie. Den zweiten Feind will jeder gerne loswerden.

Ärger ist etwas, das wir eigentlich nicht rechtfertigen können, trotzdem versuchen wir es: »Ich muss doch meinem Ärger Ausdruck geben! Sonst unterdrücke ich ihn, und davon werde ich neurotisch.« Wir sind schon so weit gekommen, dass wir das rationalisieren, was uns unglücklich macht. Bei den Sinnesbegierden ist es noch einigermaßen verständlich, aber beim Ärger ist es völlig absurd, genauso absurd, wie Kriege zu rechtfertigen, und doch ist es noch jedesmal gelungen. Der Buddha hat Böswilligkeit damit verglichen, dass einem die Galle hochkommt. Wir sagen ja auch: »Mir kommt vor Ärger die Galle hoch!« *Mir* – nicht dem Objekt meines Ärgers! Ich bin der Eigentümer meines Ärers, meiner Böswilligkeit. Als Gegenmittel hat der Buddha wieder die Edlen Freunde und Edle Gespräche empfohlen und die Erinnerung daran, dass ich selber der Eigentümer meines *Karma* bin. Wenn ich mir das stets aufs Neue klar mache, werde ich mich bemühen, alles auszumerzen, was mir eindeutig schlechte Resultate einbringt, anstatt immer wieder den Veranlasser zu beschuldigen.

Ich möchte das an einer Szene aus dem Alltag deutlich machen. Herr X hat sich einen Rasenmäher gekauft, ein ziemlich teures Markengerät. Aber es springt nicht an. So sehr sich Herr X auch abmüht, er kriegt den Mäher nicht in Gang. Da der Rasen unbedingt gemäht werden muss, gerät er in Wut, versetzt dem Gerät Fußtritte und legt sich dabei zurecht, was er am nächsten Tag dem Verkäufer alles an den Kopf schmeißen wird über die Dummheit des Händlers, die Schlechtigkeit des Herstellers, die miese Qualität des Materials, die Arglist des Verkäufers. Er packt den Rasenmäher, knallt ihn in die Garage, schmeißt die Tür zu, geht ins Haus und liest voller Ingrimm die Zeitung. Seinem Nachbarn passiert genau das

Gleiche: Auch er hat einen nagelneuen Rasenmäher, der viel Geld gekostet hat; auch in seinem Garten steht das Gras schon viel zu hoch; auch sein Gerät springt nicht an. Er öffnet es behutsam, um zu sehen, woran es liegen könnte; nach einer Weile stellt er fest, dass er es nicht reparieren kann, stellt es in die Garage zurück, schließt leise wie immer die Tür, setzt sich hin und liest die Zeitung. Beiden ist genau das Gleiche passiert. Der eine hat sich wütend geärgert, der andere hat es akzeptiert und zudem versucht, den Schaden selber zu beheben – und er hat akzeptiert, dass er es nicht konnte. So wie es ist, ist es. Ohne Zweifel wissen wir, wenn etwas nicht funktioniert oder nicht heilsam ist, und wir haben auch unsere Meinung darüber. Aber wenn wir uns ärgern, hassen, Widerstand leisten, bewirken wir weiter nichts, als dass uns die Galle hochkommt. Der arme Verkäufer, der diesen Rasenmäher vielleicht nach bestem Wissen und Gewissen verkauft hat, weiß ja gar nichts davon, dass sich jemand über ihn halb krank ärgert, genauso wie der Hersteller. Der Einzige, der es weiß, ist der, der sich ärgert.

Wie werden wir dessen Herr? Erstens, indem wir uns immer wieder vor Augen halten: Es ist mein *Karma*. Zweitens durch liebende Güte (*mettā*) als Meditation und im täglichen Leben. Im täglichen Leben müssen wir uns zu *mettā* überwinden. Es gibt Menschen, denen gegenüber wir kein gutes Gefühl haben – umso nötiger haben wir es, gerade ihnen mit Liebe zu begegnen. Hat man einem Menschen gegenüber überhaupt keine Gefühle, muss man liebevolle Gefühle dadurch in sich erwecken, dass man sich dem anderen konkret zuwendet, ihn zum Beispiel fragt, wie es ihm geht, ihm etwas schenkt, statt seiner negativen seine guten Seiten wahrzunehmen und sich in ihn hineinzuversetzen, ihn zu verstehen versucht. Wir müssen liebende Güte lernen und üben und dürfen nicht warten, bis sie vom Himmel fällt. Darauf haben wir schon Tausende und Abertausende von Lebzeiten gewartet. Es gibt keinen Menschen, der nicht auch etwas Liebenswertes an sich hat, wie es keinen gibt, der nicht auch Hassenswertes an sich hat, mit Ausnahme der Erleuchteten. Wir dürfen uns nicht damit begnügen, *mettā* zu meditieren – wir müssen uns auch *mettā* benehmen. *Mettā*-Meditation allein kann sehr leicht in Illusion ausarten. Wenn man dasitzt, keiner einen stört, man sich gut konzentrieren kann, dann meint man schon, damit sei's getan. Nein – wir müssen auch unseren Alltag an *mettā* ausrichten. Sonst gleichen wir jenem Herrn, der in Indien lebte und sich täglich in der Liebende-Güte-Meditation übte, ohne Fehl, jeden Morgen hat er sich auf sein Bett gesetzt und eine halbe Stunde meditiert. Unmittelbar danach pflegte ihm sein Diener den Tee zu servieren. Eines Morgens kam der Diener ein bisschen zu früh und sah, noch in der Tür, seinen Herrn in Meditation versunken auf dem Bett sitzen. Vor Schreck ließ er das Tablett mit Teekanne, Milchkännchen, Zuckerdose, Tasse, Untertasse, Löffel fallen. Großes Gepolter, das Porzellan ging zu Bruch, Tee und Milch ergossen sich über den Fußboden. Der Herr schreckte aus der Meditation auf, warf einen wütenden Blick auf seinen Diener und fuhr ihn an: »Du Tölpel! Siehst du denn nicht, dass ich gerade ›liebende Güte‹ meditiere?«

Als drittes Gegenmittel gegen Ärger empfiehlt sich ein Blick in den Spiegel. Ein wütendes Gesicht ist ein hässliches Gesicht. Der Buddha hat Ärger mit einem Wassertümpel verglichen, dessen Wasser kocht, also nicht als Spiegel zu benutzen ist. Wir sagen ja auch: »Ich koche vor Wut!« Die meisten Menschen nehmen sich gar nicht die Zeit, in ihrer Wut auch noch in den Spiegel zu schauen, sie sind mit ihrem Ärger vollauf beschäftigt.

Grund, uns zu ärgern, finden wir auf Schritt und Tritt,

ständig widerfährt uns etwas, das wir als schmerzvoll empfinden. Die automatische, instinktive Reaktion ist, dem anderen Schmerz zuzufügen. Der Buddha hat das damit verglichen, mit bloßen Händen glühende Kohlen aufzuheben und nach einem anderen zu werfen. Mit Sicherheit verbrennt sich dabei der die Finger, der sie aufhebt. Ob er trifft, steht ja noch dahin.

Wir empfinden Schmerz zum Beispiel darüber, dass uns jemand nicht anerkennt, nicht Recht gibt, nicht lobt, nicht tut, was wir wollen – alles schmerzliche Ego-Verkleinerungen, je größer das Ego ist, desto öfter passiert es, denn eine größere Fläche wird leichter angerührt. Ein riesengroßes Ego stößt dauernd irgendwo an und wird schmerzlich berührt. Würden wir aber, statt uns verletzt zu fühlen, genau hinsehen, würde sich herausstellen, dass in den meisten Fällen der andere gar nicht das gemeint und getan hat, was wir ihm unterstellen. Wir haben die Eigenart, von uns auf andere zu schließen und uns für Ego-Verkleinerung instinktiv zu rächen. Dass das nicht funktioniert, ist klar. Wir können unseren Schmerz nicht loswerden, indem wir einem anderen Schmerz zufügen, sondern nur, indem wir Ego-Verkleinerung nicht als Schmerz empfinden, sondern als wohltuend. Das Ego ist kein Wertobjekt. Das braucht Einsicht, und in der Zwischenzeit müssen wir uns jedesmal, wenn Ärger hochkommt, daran erinnern, dass es unser eigenes *Karma* ist, und liebende Güte dagegensetzen.

Als der Buddha einmal einen Vortrag hielt, erschien ein Brahmane und lief die ganze Zeit vor dem Buddha auf und ab, was an sich schon unhöflich ist. Die Brahmanen, die Priesterkaste, damals und heute, waren auf den Buddha nicht gut zu sprechen, denn er brachte sie sozusagen um einen Teil ihrer Einkünfte. Er klärte die Menschen darüber auf, dass sie zwischen sich und den Göttern keinen Mittelsmann brauchen, der für sie zu den Göttern betet, ihnen opfert und sie mit Milch und Butter begießt – dadurch könne man die Seligkeit nicht erlangen. Viele Brahmanen folgten später dem Buddha, aber es gab auch viele, die ihn dafür hassten, dass er gegen ihre Praxis sprach. Zu denen gehörte auch jener, von dem hier die Rede ist. Er lief nicht nur demonstrativ dem Buddha vor der Nase herum, sondern fing an, ihn aufs Derbste zu beschimpfen, und zwar so laut, dass die ganze Versammlung es hören konnte. Er ging so weit zu fordern, der Buddha müsse des Landes verwiesen werden, er sei eine Gefahr für die Menschen; die jungen Männer würden Haus und Hof verlassen und ihm folgen, das heißt, sie würden Mönche. Der Buddha sei schuld daran, dass Familien auseinander brächen und die Felder nicht mehr bestellt würden; überdies lehre er ein ganz falsches Dogma und sei ein Teufel. Als der Brahmane ausgeflucht hatte, fragte ihn der Buddha, der sich alles ruhig angehört hatte: »Brahmane, hast du manchmal Gäste in deinem Haus?«

»Ja, natürlich.«

Buddha: »Wenn du Gäste hast: Gewährst du ihnen Gastfreundschaft? Gibst du ihnen zu essen und zu trinken?«

»Ja, das ist doch selbstverständlich!«

Buddha: »Und wenn sie deine Gastfreundschaft ausschlagen? Wenn sie Essen und Trinken nicht annehmen, wem gehört es dann?«

»Mir natürlich.«

Buddha: »Ja, das stimmt, Brahmane. Es gehört dir.«[1)]

Daran sollten wir denken, wenn wir – was unausbleiblich ist – in die Situation kommen, dass uns jemand beschimpft, grob zu uns ist, sich nicht mit uns einigen kann, uns Dinge sagt, die wir nicht hören mögen. Wenn möglicherweise ein Körnchen Wahrheit in ihnen steckt, sollten wir dem nachgehen. Aber

---

1) Samyutta Nikāya I, 16.

wenn uns jemand Grobheiten offensichtlich nur aus Ärger sagt und sie eindeutig auf sein Ego zurück zu führen sind, brauchen wir sie nicht aufzugreifen, können sie dort liegen lassen, wo er sie hingeworfen hat. Was er denkt, redet, tut, ist sein *Karma*, nicht das unsere. Wenn einer wirklich schlimm spricht, kann man es als Geräusch empfinden. Denn wir hören ja lediglich Geräusche; der Geist ist es, der deutet.

Außerdem kann man ganz sicher sein, dass einer, der unfreundlich und unliebenswürdig ist, also keine Liebe zeigt, in diesem Moment unglücklich ist. Ein glücklicher Mensch kann überhaupt nicht unfreundlich und unliebenswürdig werden. Wir können also Mitgefühl mit dessen *dukkha* hochkommen lassen, Mitgefühl mit dem schlechten *Karma*, das er sich schafft. Statt sein *dukkha* noch zu vergrößern, kann man versuchen, es zu lindern. Während wir Mitgefühl haben, können wir nicht ärgerlich werden, man kann nicht zwei Gefühle gleichzeitig haben; das kommt uns nur so vor, weil sie oft so schnell aufeinander folgen. Wenn Mitgefühl da ist, ist Ruhe im Herzen. Ist es schwer, Mitgefühl zu empfinden, kann man sich an etwas erinnern, was dieser Mensch je Gutes gesagt oder getan hat – also die gegenwärtige unangenehme Situation durch eine angenehme Erinnerung ersetzen. Wenn der Ärger schon so stark angewachsen ist, dass er die Erinnerung an etwas Positives blockiert, kann man sich daran erinnern, dass auch dieser Mensch eine Mutter hat, die ihn liebt, und versuchen, sich als seine Mutter oder sein Vater zu fühlen. Das hat mit dem realen Alter gar nichts zu tun. Wir waren alle schon so oft in einem menschlichen Leben, und zwar sowohl Mann wie Frau, dass die Tibeter sagen, jeder sei schon jedes Lebewesens Mutter gewesen. Was immer Negatives passiert – es durch Positives ersetzen: »Hass wird niemals von Hass besiegt, Hass wird nur von Liebe besiegt.« Dem wird oft entgegengehalten, einer, der dem Hass mit Liebe begegne, gelte als schwach, als jemand, mit dem andere machen können, was sie wollen. Ist das wirklich so? Wenn man liebt – nicht persönlich, sondern umfassend –, lässt man dann wirklich andere alles machen, was sie wollen? Außerdem ist es ihr *Karma*, ihnen gereicht das, was sie Übles mit uns vorhaben, zum Unheil. Selber ist man daran gar nicht mehr beteiligt. Wenn man daneben steht und das Unheil kommen sieht, die anderen aber nicht auf einen hören, wenn man ihnen zu helfen versucht, ist das kein Grund zum Ärger, im Gegenteil, es ist ein Grund zum Mitgefühl. Der Buddha in seinem grenzenlosen Mitgefühl hat sich nicht geärgert, wenn die Menschen ihn nicht verstanden haben: »Ich streite nicht mit der Welt; die Welt streitet mit mir.« Es gibt viele Zeugnisse davon, wie er oder seine Jünger reagiert haben. Und nur daran, wie einer reagiert, kann man erkennen, ob er die Lehre wirklich verstanden hat.

Auch die folgende Begebenheit stellt uns ein Ideal vor Augen. Es ist die Geschichte von dem Weisen *Khantivādiin*,[2] der zur Zeit des Buddha in dem kleinen Reich des Königs von Kāsi lebte. Dieser König war sehr reich, und eines Tages lud er den ganzen Hof zu einem Picknick ein, natürlich auch die 500 Frauen, die in seinem Harem lebten (»500« mag auch »viele« bedeuten). Am nächsten Morgen zog der König mit riesigem Gefolge einschließlich dem Militär auf prächtig geschmückten Elefanten hinaus zum Wald; auf einer großen Wiese nahmen alle Platz und labten sich an den erlesenen Speisen und Getränken, für die die Hofküche vorgesorgt hatte. Der König aß und trank zu viel, und gleich nach der Mahlzeit schlief er ein. Diese gute Gelegenheit nutzten die Frauen zu einem Ausflug

---

[2] *khanti* heißt Geduld, *vādiin* Lehrer; er predigte stets Geduld. – Nach Jātaka 313.

in den Wald, denn sie kamen selten aus ihrem Palast heraus. Ihr Weg führte sie bald zu einer kleinen Hütte, vor der Khantivādiin saß. Sie erkannten ihn schon von Weitem, setzten sich ihm zu Füßen und baten ihn um einen *Dhamma*-Vortrag, sie hätten so selten Gelegenheit, dergleichen zu hören. Der Weise machte ihnen die Freude und predigte über sittliches Leben, Großzügigkeit, Gebefreudigkeit und liebende Güte. Inzwischen wachte der König auf. Weit und breit keine Spur von seinen Frauen. Er rief die Wachen herbei und befahl ihnen, sie sofort suchen zu gehen und zurückzubringen. Die Soldaten stießen schon bald auf die Vermissten und kehrten beruhigt um: »Eure Majestät brauchen sich nicht zu sorgen, die Damen sitzen alle vor der Hütte des Khantivādiin und lauschen seinem Vortrag.« Aber der König war von dem schweren Mahl noch zu benommen und keiner vernünftigen Überlegung fähig. Er herrschte die Wachen an: »Dieser alte Mann will mir nur meine Frauen abtrünnig machen. Bringt sie sofort hierher zurück und fesselt den Alten an den nächstbesten Baum!« Sie mussten gehorchen. Der König ergriff ein großes Messer, raste auf den Weisen zu, schnitt ihm einen Fuß ab und höhnte: »Und wo ist deine Geduld jetzt?« – »Bestimmt nicht in meinem Fuß, Eure Majestät.« Das machte den König noch wütender. Er fing an, den Weisen förmlich zu zerstückeln. Er schnitt ihm die Hände ab, die Arme, die Ohren, und jedesmal stellte er die gleiche Frage und bekam die gleiche Antwort. Die Soldaten baten den sterbenden Khantivādiin: »Verflucht nicht das ganze Land! Verflucht nur den König!« – »Ich verfluche niemanden«, antwortete der Weise, »möge der König glücklich und noch recht lange leben!« Dann starb er. Es heißt, die Erde habe sich aufgetan und den König verschlungen. Am nächsten Tag wurde alles dem Buddha berichtet. Der sagte nur: »Wer nicht so handelt, hat meine Lehre nicht verstanden.«

Ich kann nicht dafür bürgen, dass diese Geschichte wahr ist. Jedenfalls steht sie so geschrieben. Wichtig an ihr ist, dass sie uns zeigt: Es gibt keinen berechtigten Ärger.

Die heutige Weltsituation ohne Ärger, ohne Empörung, ohne Kummer hinzunehmen, ist freilich schwierig. Aber bei all den Bagatellen, die uns gewöhnlich in Rage bringen, tun wir sehr gut daran, uns an Khantivādiin zu erinnern – als ein Ideal. Denn es fehlt uns gerade im Westen an Idealen. Die alten sind zerbrochen, und die neuen haben sich als wertlos herausgestellt. Es lohnt sich, neue und wahrhaftige Ideale aufzubauen, zu wissen, dass es möglich ist, ihnen zu folgen und nahe zu kommen. Ob wir sie in diesem Leben verwirklichen können oder nicht, ist belanglos. Nicht das Ankommen am Ziel bringt die Freude, sondern die Reise dorthin. Wir müssen uns an jedem Schritt freuen, den wir gehen dürfen.

Unser drittes Hindernis heißt *Müdigkeit und Trägheit* (*thīna-middha*). Müdigkeit zielt auf den Körper, Trägheit auf den Geist. Die Trägheit des Geistes ist der springende Punkt auch für die Müdigkeit des Körpers. Sie haben bestimmt alle schon einmal die halbe oder gar ganze Nacht gelesen, weil ein Buch Ihren Geist so gefangen nahm, dass die gewohnte Müdigkeit ausblieb. Oder ein Fest hat Ihnen so gut gefallen, dass Sie bis zum Morgen durchgefeiert haben. Wenn der Geist interessiert ist, verschwindet die Müdigkeit. Wenn der Geist sich langweilt, kommt Müdigkeit auf. In der Meditation kommt einmal ein Punkt, wo wirkliches Interesse entsteht, es ist mit angenehmen Gefühlen verbunden; dann lässt auch die Ermüdung nach.

Mahā-Moggallāna, der »Jünger zur Linken« (er stand immer linker Hand zum Buddha), hatte schon die ersten Stadien des Erleuchtetseins erreicht, als er eines Tages bei der Meditation einschlief. In seinem Erschrecken darüber ging er zum

Buddha und fragte ihn um Rat. Der Buddha gab ihm folgende Anweisungen:

- Die Augen aufmachen und ins Licht schauen.
- Die Wangen reiben.
- Die Ohrläppchen ziehen und gleichzeitig kneifen. Wenn das nicht hilft,
- aufstehen oder den Körper bewegen, damit neue Energie hindurchfließen kann.
- Folgenden Gedanken hervorbringen: »Das Leben ist ganz ungewiss. Der Tod ist ganz gewiss.«

Ferner empfahl der Buddha dem Mahā-Moggalāna, er solle:

- daran denken, dass er jetzt in diesem Augenblick alles hat, was er zum Meditieren braucht: gute Freunde, genügend zu essen, ein Dach überm Kopf, einen gesunden Körper – für alles ist gesorgt, er braucht nur zu meditieren. Sich dessen zu erinnern, bringt neue Energie;
- mäßig essen. Eine üppige Mahlzeit macht müde. Das ist auch einer der Gründe, warum Mönche und Nonnen des Buddha nach Mittag nichts mehr essen.

Der Buddha hat Müdigkeit und Trägheit mit einem Gefängnis verglichen. Wie wir an Mahā-Moggalāna sehen, kann es sogar jemanden treffen, der in der Meditation schon einen weiten Weg gegangen war. Es ist also keineswegs ungewöhnlich, aber man kann dagegen ankämpfen. Nicht nur beim Meditieren kommt es vor, dass Müdigkeit und Trägheit uns in eine enge Gefängniszelle einsperren. Mit trägem Geist, ohne Tatkraft, mit vorgeschützter Müdigkeit kommen wir auch im täglichen Leben nicht von der Stelle. Die Müdigkeit, die wir am Abend verspüren, kommt ja selten davon, dass wir unseren Körper besonders angestrengt hätten. Wir sind von unserer geistigen Arbeit müde. Der Geist ist ja ununterbrochen mit Urteilen beschäftigt: »Das will ich; das will ich nicht. Das macht mir Spaß; das ödet mich an. Das möchte ich jetzt haben, das später« – kein Wunder, wenn er am Abend todmüde ist. Wer eine ganz klare Richtung in sein Leben gebracht hat, die ihn fasziniert, hat viel weniger mit Müdigkeit und Trägheit zu kämpfen. Menschen, die ohnehin sehr viel zu tun haben, sind meistens diejenigen, die auch noch zusätzliche Arbeit verkraften. Wer sowieso den ganzen Tag kaum etwas zuwege bringt, hat zu nichts Zeit. Das Interesse fehlt. Interesse muss man, wie es treffend heißt, »wecken«. Man muss sich einmal damit auseinander setzen, wie man sein Leben gestalten und nutzen will.

Ferner hat der Buddha Müdigkeit und Trägheit mit einem Wassertümpel verglichen, in dem Schlamm aufgewühlt ist: Der Wasserspiegel ist trüb.

Es gibt Menschen, die überhaupt keine Energie haben, denen alles zu viel ist. Die meisten liegen so mehr oder weniger in der Mitte. Wir bewundern Menschen, die viel leisten können, und halten das für etwas Besonderes. Jeder kann sein Potenzial erhöhen, denn wir haben es in uns; wir dürfen uns nur nicht damit abfinden, wie es gegenwärtig ist. Es kommt darauf an, sich selber zu überwinden. Wie der Buddha sagte: »Derjenige, der tausendmal tausend Armeen besiegt, ist nichts, verglichen mit dem, der sich selber besiegt.« Wir müssen uns nur immer ein bisschen mehr abverlangen als zuvor. Dieser Sieg gibt uns innere Stärke und inneres Selbstvertrauen; wir merken, dass wir schon mehr können als wir dachten, und das motiviert uns, in unserem spirituellen Wachstum nicht lockerzulassen. Ein thailändischer Meditationsmeister pflegte zu sagen: »Dieses Leben ist verschwendet, wenn man nicht mindestens den Stromeintritt erreicht hat«, das heißt den ersten Grad der Erleuchtung. Das ist vielleicht etwas hochgegriffen. Ich möchte es abwandeln in: »Dieses Leben ist verschwendet ohne spirituelles Wachstum.«

Das vierte Hindernis ist die *Ablenkung (uddhacca-kukkucca)*; dazu gehören auch *Unruhe und Sorge*. Unruhe ist fast immer mit der Vergangenheit verknüpft, Sorge immer mit der Zukunft. Wir machen uns Sorgen darüber, was aus uns werden soll. Obwohl wir im Grunde genau wissen, wie töricht das ist, bauen wir eifrig unsere Luftschlösser. Und wenn wir damit fertig sind, uns die Zukunft in allen Details auszumalen, fangen wir an, uns zu sorgen, ob auch alles nach Plan gehen wird, und wenn ja, ob es dann auch so bleiben wird. Aber es wird nicht so bleiben. Zukunft und Vergangenheit: eine ganz unnütze Gedankenwelt; für die meisten Menschen aber der ständige Aufenthalt.

Die Unruhe oder Rastlosigkeit findet ihre reichliche Nahrung in der Vergangenheit: was wir gemacht haben, aber lieber unterlassen hätten; was wir unterlassen haben, aber lieber gemacht hätten. Dabei vergessen wir völlig, dass der Mensch, der sich erinnert, nicht derjenige ist, der es gemacht oder unterlassen hat, er hat sich ja inzwischen verändert. Man lässt am besten die Vergangenheit dort, wo sie hingehört: in der Vergangenheit. Ihr einziger Zweck: Sie soll uns eine Lehre sein, den gleichen Fehler nicht noch einmal zu machen. Aber Reue und Tadel sind sinnlos. Das ergänzt nur noch zwei negative Gefühle zu der Tat, die schon geschehen ist.

Wenn Sie in der Meditation einmal Ihre Gedanken prüfen und mit dem wahren Etikett versehen, werden Sie feststellen, dass sie entweder »Vergangenheit« oder »Zukunft« heißen. Denn Gegenwart ist nichts weiter als Sitzen, Atmen, vielleicht Fühlen, vielleicht Hören; da gibt es nichts zu bedenken. Leben muss erlebt werden. Erleben kann nur in diesem Moment geschehen. Unsere ganze gesellschaftliche Struktur ist hingegen auf Zukunft ausgerichtet, auf das, was werden wird; natürlich unterliegen wir diesem Einfluss.

Meditation und Achtsamkeit sollen uns dazu bringen, ganz im jeweiligen Augenblick zu sein. Nur dann erlebt man das Leben und erlebt es so, wie es wirklich ist, nicht wie man es sich wünscht und vorstellt. Dieser Moment ist der einzige, den wir haben. Der nächste ist nur die Hoffnung, dass er komme. »Morgen« kann nie geschehen. Wenn »morgen« geschieht, heißt es »heute«. Und dieses »heute« besteht aus lauter verschiedenen Momenten. Wenn man nicht im gegenwärtigen Moment lebt, verpasst man das ganze Leben. Die meisten Menschen verpassen es. Darum kommen wir ja auch so oft wieder.

Wenn man wirklich im jeweiligen Moment lebt, gibt es weder Unruhe noch Sorge, sondern nur das Erleben der Vorgänge, die sich gerade abspielen, meistens ganz kleine, unbedeutende. Jeden Schritt zu beachten ist nicht sehr bedeutend, den Atem zu beachten ist nicht sehr bedeutend, aber es hält den Geist in Schach, so dass er sich nicht in Ideen und Wünsche verwickelt, die er gar nicht verwirklichen kann. Wenn man einmal wirklich praktiziert und dahin kommt, dass man nur das, was geschieht, beachtet, kommt Frieden und Ruhe.

Im jeweiligen Moment existieren angenehme, unangenehme oder neutrale Gefühle, und es existieren Gedanken, aber die können sich dann mit dem Moment befassen. Wirklich einmal dasein! *Das Wunder der Achtsamkeit* ist der Titel eines Buches des vietnamesischen Meditationslehrers Thich Nhat Hanh.[3)] Es geht darin um die Anwendung der Achtsamkeit im Alltag nach dem Motto »Geschirr abwaschen beim Geschir-

---

3) Thich Nhat Hanh, *Das Wunder der Achtsamkeit*. Berlin: Theseus Verlag, Neuauflage 2009.

rabwaschen«. Genau das ist es! Wenn Sie das nächste Mal Geschirr abwaschen, dann werden Sie sich einmal klar, was die Gedanken dabei tun.

»Wär ich bloß schon fertig! Immer diese Berge von Geschirr! Gleich kommen die Kinder von der Schule heim. Was koche ich eigentlich heute Abend? Ich muss unbedingt Helga anrufen! ...« – Ein Schwall von Gedanken, nur nicht »Geschirr abwaschen«, das Einzige, was wirklich geschieht.

Viele schwärmen von einem besonders schönen Sonnenuntergang am Meer und sehnen sich immer wieder an die alte Stelle zurück, um dieses Glückserlebnis zu wiederholen. Aber nicht der grandiose Sonnenuntergang ist das Glück. Das Glück besteht darin, dass die Aufmerksamkeit so von ihm absorbiert wird, dass in dem Moment vollkommene Achtsamkeit herrscht. Die Stärke des Sehobjektes hat alle anderen Dinge, die sich sonst im Geist abspielen, ausgeblendet. Wir sind ständig auf der Suche nach solch starken Sinnesobjekten, die so starke Gefühle hervorrufen, dass wir nichts anderes mehr zu denken brauchen. Das ist aber eine Abhängigkeit, aus der wir einmal herauskommen müssen. Wenn wir dies erkennen, dann werden wir auch achtsam werden, wenn es sich nur um den Atem handelt, nur essen, nur Treppen steigen. Darin sind nämlich genau derselbe Frieden und dieselbe Ruhe verborgen wie in einem schönen Sonnenuntergang. Es ist die Achtsamkeit ohne die abschweifenden Gedanken.

Diesen vierten Feind, die Ablenkung, hat der Buddha mit Sklaverei verglichen. Man wird von Unruhe und Sorge wie ein Sklave hin- und hergetrieben. Sie hindern einen, Herr über seine eigenen Gedanken zu werden; und ohne das ist man nie wirklich frei.

Im Bild des Wassertümpels: Der Wind schlägt so starke Wellen, dass man sich nicht im Wasser spiegeln kann.

Als Gegenmittel hat der Buddha außer Achtsamkeit empfohlen, mit weisen und reifen Menschen zusammenzukommen, zusätzlich zu den Edlen Freunden und Edlen Gesprächen. Daran kann man sehen, wie wichtig die Menschen sind, mit denen wir Umgang pflegen. Leicht beeinflussbar, wie wir sind, geraten wir rasch von unserer Bahn ab. Und er hat die Untersuchung und Befragung der Lehre empfohlen. Nicht nur die Lehre hören, sie nicht nur lesen, was inzwischen leicht möglich ist, sondern sie sich zu Eigen machen, indem man sie untersucht und ausprobiert. Solange man etwas nur hört oder liest, solange gehört es dem, der es spricht oder geschrieben hat.

Fünf Wege, ablenkende Gedanken loszuwerden

Da wir alle mit Ablenkung vom Meditationsobjekt ziemlich zu kämpfen haben, kann es hilfreich sein zu wissen, was der Buddha über das Loswerden ablenkender Gedanken gesagt hat. Er hat dazu fünf Gleichnisse gegeben, die so prägnant sind, dass man sie sich gut merken und folglich zunutze machen kann. Dass der Buddha eigens eine Lehrrede darüber gehalten hat, zeigt uns, dass ablenkende Gedanken allgemein verbreitet sind.

Diese fünf Gleichnisse werden sukzessive stärker und sollen nacheinander angewendet werden. Das erste braucht am wenigsten Energie, wenn man schon darin geübt ist, den Gedanken zu ersetzen, in der Meditation durch das Meditationsobjekt, im täglichen Leben einen negativen sofort durch einen positiven Gedanken. Man muss sich das schon eine Weile zur Gewohnheit gemacht haben, um sofort ohne Schwierigkeit zu erkennen: Hier ist ein Gedanke, der in seiner Folge nur Unglück bringen kann, Unruhe, Angst, Neid, Missgunst,

Übelwollen, Ärger – und ihn sofort zu ersetzen. Das heißt, dass man gelernt hat, nicht an seinen Gedanken zu haften. Gerade das Haften an unseren Gedanken ist das Problem, bei der Meditation wie im täglichen Leben. Dieses Haften an den hochkommenden Gedanken ruft die Ich-Illusion hervor: »Ich denke, es ist mein Gedanke, da es mein ist, will ich's nicht wieder hergeben, alles, was mein ist, will ich behalten«, das schließt die Gedanken mit ein. Das Anhaften hat also nicht nur zur Folge, dass wir diese negativen Gedanken nicht sofort ablegen, sondern es hat die Ich-Illusion in sich eingebettet. Deshalb ist es so schwer loszuwerden. Möglich ist es überhaupt nur durch Meditation; immer und immer wieder: fallen lassen! Gelingt es in der Meditation, gelingt es dann auch im täglichen Leben.

Das erste Gleichnis: Ein Tischlermeister hat ein Loch mit einem Holzpfropfen zugestopft; er merkt, dass der nicht passt, also tauscht er ihn gegen einen passenden aus.

Das ist das Gleichnis für das Ersetzen: Sobald wir in der Meditation gewahr werden, dass Ablenkung kommt, können wir sie durch das Meditationsobjekt ersetzen.

Das nächste Gleichnis, das der Buddha gebraucht hat, ist: Ein junges Paar zieht sich ganz fein an, um auszugehen. In dem Moment, da die beiden in ihren Festkleidern auf die Straße treten, merken sie, dass jeder ein totes Tier um den Hals hängen hat. Sie schämen sich schrecklich und machen schleunigst kehrt, um es wieder abzulegen.

Das bedeutet, dass wir uns schämen und so nicht sehen lassen wollen, wenn wir einen ablenkenden negativen Gedanken haben. Da wir aber meinen, unsere Gedanken seien unsichtbar, schämen wir uns ihrer gewöhnlich nicht. Sie sind nicht unsichtbar – das ist nur eine weitere Illusion. Unsere Gedanken zeigen sich in unserem Gesichtsausdruck, in unseren

Aktivitäten, in unserer Sprache. Die ablenkenden Gedanken in der Meditation bringen Unruhe und Missmut.

Von »unsichtbar« kann also überhaupt nicht die Rede sein. Jeder würde sich genieren, sich schmutzstarrend oder mit einem toten Tier um den Hals auf der Straße zu zeigen; mit schmutzigen Gedanken auf die Straße zu gehen und sich überall zu zeigen, geniert sich keiner. »Scham und Furcht regieren die Welt«, hat der Buddha gesagt und meint damit: Wenn wir uns nicht schämten, Böses zu tun, und nicht Furcht vor Strafe hätten, bräche die Welt so, wie wir sie kennen, sehr schnell zusammen, geschähe noch viel mehr Unheil. Wir müssen aber diese Scham auf unsere Gedanken ausdehnen.

Wenn wir also in der Meditation lauter dumme Gedanken haben, hilft es vielleicht zu bedenken, dass man sich so nicht vor anderen Leuten zeigen möchte, sondern lieber in schöner Konzentration auf das Meditationsobjekt. Entsprechend im täglichen Leben: Wenn wir uns daran erinnern, dass andere unsere Gedanken sehr wohl erkennen können, werden wir die negativen schleunigst durch positive ersetzen.

Das dritte Gleichnis: Man geht auf der Straße und sieht auf der gegenüberliegenden Seite einen Bekannten. Statt nun hinüberzulaufen, ihm die Hand zu schütteln und sich nach seinem Wohlbefinden zu erkundigen, geht man einfach weiter und tut so, als hätte man ihn nicht gesehen; man verwickelt sich nicht in Begrüßung, Gespräch usw.

Das heißt: Wenn Gedanken kommen, die uns von dem, was gut ist – entweder das Meditationsobjekt oder die positiven Gedanken im täglichen Leben – ablenken, dann verwickeln wir uns nicht in sie. Sie interessieren uns nicht, wir lassen sie einfach fallen. Ohne Geistesstärke ist das aber unmöglich. Denn der Geist, der nicht stark ist, klebt, bleibt haften, verwickelt sich, interessiert sich, lässt sich unterhalten, kommt vom Hundertsten ins Tausendste. Die nötige Geistesstärke kann man nur durch Meditation erlangen. Durch beharrliches Training im Fallenlassen bekommt unser Geist immer mehr »Muskeln«. Diese Geistesstärke brauchen wir, um unser tägliches Leben zu meistern. Denn das bedeutet ja nicht, mehr zu haben und mehr zu wissen. Es bedeutet, mehr zu sein. Es ist nicht so wichtig, was für eine Arbeit man tut; es ist viel wichtiger, was man ist. Dafür ist die Geistesstärke das Fundament. Im täglichen Leben haben wir kein Meditationsobjekt, also kommen ununterbrochen Gedanken hoch. Da geht es immer darum, das Gute zu kultivieren. »Wenn es nicht möglich wäre, ihr Mönche, nur das Gute zu tun, würde ich euch nicht darum ersuchen.« Nur Gutes tun heißt nur Gutes denken.

Das vierte Gleichnis: Ein Mann rennt, merkt, dass das sehr ermüdend und anstrengend ist, und fragt sich, wieso er eigentlich nicht gehe. So fängt er an zu gehen. Nach einer Weile wird er auch davon müde und findet es anstrengend, und so beschließt er zu stehen. Auch Stehen strengt auf die Dauer an, also setzt er sich hin. Mit der Zeit wird auch das unbequem, und er legt sich hin. Dann fühlt er sich endlich wohl.

Wir müssen einmal in uns selber merken, wie unbequem diese ablenkenden und auch die negativen Gedanken sind, die wir mit uns herumtragen und die immer wieder hochkommen, wie sie uns selber zum Unglück gereichen, uns gleich diesem rennenden Mann unangenehme Gefühle verschaffen. Obwohl jeder einsieht, wie töricht das ist, ist es doch so, dass wir alle uns unsere unangenehmen Gefühle selber machen, immer wieder. Wieso? Aus Schwäche. Und diese Schwäche ist das, was uns unglücklich macht, was uns hindert, das zu denken und zu fühlen, was wir eigentlich wollen, und so zu meditieren, wie wir eigentlich gerne möchten. Diese Schwäche ist immer wieder der Grund, warum wir in diesen gedanklichen Abgrund fallen; wir sind zu schwach, diese ungebetenen Gedanken, die nichts weiter als Störenfriede sind, einfach hinauszuwerfen. Wir müssen dieses Unbehagen einmal ganz klar in uns feststellen – mittels Achtsamkeit – und es nicht aus alter Gewohnheit akzeptieren. Wir sind so an Unbehagen gewöhnt, dass wir gar nicht mehr wissen, wie es eigentlich ist, wenn man wirklich friedlich, glücklich, zufrieden in sich ruhend lebt. Wir haben eine dunkle Ahnung. Und die ist es ja auch, die uns zum Meditationskissen treibt. Wir haben da eine Ahnung, es könnte besser sein als es ist, es ist irgendetwas nicht ganz in Ordnung, irgendetwas bewegt sich da in mir, das immer wieder Unbehagen hervorruft. Dieses »irgendetwas« können wir, wenn wir wirklich Achtsamkeit praktizieren, ganz klar erkennen: Es sind unsere eigenen Gedanken, nichts weiter. Mit dieser Erkenntnis können wir arbeiten.

Das fünfte und letzte Gleichnis ist einer der wenigen Fälle, wo der Buddha in einem Gleichnis Gewalt gebraucht hat: Ein großer starker Mann taucht einen kleinen Schwächling so lange unter Wasser, bis er tot ist.

Wenn man also die anderen vier der Reihe nach probiert hat, aber seine ablenkenden oder negativen Gedanken immer noch nicht losgeworden ist, dann soll man sie, als letzte Möglichkeit, mit Gewalt unterdrücken. Das ist immer noch besser, als sich in sie zu verwickeln.

Die Gedanken nur zu unterdrücken, nützt natürlich nichts, man muss sie durch das Meditationsobjekt oder positive Gedanken ersetzen. Der Geist muss etwas haben, worauf er sich richtet. Selbst in der tiefsten meditativen Versenkung richtet sich der Geist auf etwas. Wenn jemand erzählt, »ich habe nichts in meinem Geist in der Meditation«, so fehlt es ihm an Achtsamkeit. Dass da nichts ist, gibt es nicht. So paradox es klingen mag: Selbst das Nichts, das man in einer meditativen

Vertiefung erleben kann, ist etwas. Denn sonst könnte man es nicht erleben.

Der Buddha, der ja ein Mann des Friedens und der Gewaltlosigkeit war und nie einem Wesen Harm zufügte, hat noch ein zweites Mal in einem Gleichnis Gewalt benutzt. Und zwar sprach er zu dem Pferdezähmer Kesi vom Trainieren von Menschen und verglich es mit dem Trainieren von Pferden: »Es gibt Pferde, die man trainieren kann, indem man ihnen gut zuredet. Es gibt solche, die man trainieren kann, indem man ihnen die Peitsche nur zeigt. Dann gibt es Pferde, die man nur trainieren kann, wenn man die Peitsche auch benutzt. Und dann gibt es Pferde, die man überhaupt nicht trainieren kann, es ist ganz unmöglich. Und die muss man töten.«

Kesi war natürlich entsetzt: »Wie kannst du als Buddha und als Mönch so etwas vorschlagen? Wo du doch sagst, man solle nicht töten!« Der Buddha erwiderte: »Dieses Töten bedeutet, dass man diesem Menschen keine Lehre mehr zukommen lässt. Er ist tot für die Lehre.«

Zu allen fünf in den Gleichnissen gezeigten Möglichkeiten, ablenkenden und negativen Gedanken zu begegnen, gehört Geistesstärke, die Kraft, es zu tun. Und diese Kraft muss man erlernen, sie kommt nicht von allein. Man kann sie nur durch Meditation lernen; in ihr müssen wir uns üben, wie wir den Körper zum Beispiel für einen Marathonlauf trainieren müssen. Wir können uns die Kraft zur Meditation nur erarbeiten, indem wir immer und immer wieder praktizieren. Und man muss in der Meditation durch Achtsamkeit die Klarheit haben zu wissen, was jeder Moment bringt, darf den Geist nicht neblig werden lassen. Alles andere ist nicht wichtig. Was immer der Moment bringt – wenn er einen ablenkenden Gedanken bringt, wissen: »ein ablenkender Gedanke« und eine der fünf Möglichkeiten anwenden. Wenn der Moment richtige Konzentration gebracht hat, dann auch das wissen. Diese Klarheit ist unbedingt nötig. Denn sonst kann sehr leicht aus der Meditation eine Art Trance-Zustand werden, in dem man sich wohlfühlt, der aber nie zum Klarblick führt. Also: die Klarheit des Wissens und dann die Kraft zum Ändern! Damit kommt die Geistesstärke, mit der wir alles meistern können. Die Erleuchtung ist im Geist, einem Geist, der sich selber gemeistert hat.

Der fünfte Feind ist *skeptischer Zweifel* (*vicikicchā*), vor allem der Zweifel an sich selber: dass man wirklich den spirituellen Pfad verfolgen und an ihm lernen und wachsen kann, dass man wirklich einmal richtig wird meditieren können. Man sitzt in einem Kurs wie diesem und ist überzeugt: »Alle anderen sitzen da wie kleine Buddhas, nur ich kann's nicht.« Die anderen sitzen auch nicht da wie kleine Buddhas, die denken wahrscheinlich genau das Gleiche. Der Selbstzweifel ist ein mächtiger Feind. Selbstvertrauen dagegen in die eigenen Möglichkeiten und Kräfte – ohne überheblich zu werden – schafft einen gewissen Vertrauensgrund, auf den man bauen kann.

Skeptische Zweifler sind auch jene Menschen, die von einer Lehre zur anderen wandern, weil sie kein Vertrauen in ihr eigenes Urteil haben, ob das, was sie hören oder lesen oder probieren, wirklich richtig ist. Zu Lebzeiten des Buddha gab es viele spirituelle Lehrer, vielleicht Hunderte, die alle etwas Verschiedenes lehrten. In der gleichen Situation sind wir auch heute. Und damals entstanden genau die gleichen Zweifel wie heute, welcher Lehre man folgen solle. Der Buddha hat über dieses Thema eine hochinteressante Lehrrede gehalten, die für uns genauso aktuell ist wie sie vor zweieinhalbtausend Jahren war. Es ist das *Kālāma-Sutta*, eine Lehrrede, die der

Buddha dem Stamm der Kālāmer gehalten hat. Die Kālāmer waren ein intelligentes, gebildetes Völkchen, und als sie hörten, der Buddha komme auf seiner Wanderung in ihre Stadt Kesaputta, machten sie vor dem Stadttor einen Platz für ihn zurecht, strömten dort zusammen und begrüßten ihn auf ganz unterschiedliche Weise: Einige verbeugten sich vor ihm, andere legten nur die Hände aneinander, wieder andere riefen ihm ein fröhliches »Guten Morgen« zu oder nannten ihren eigenen Namen oder den ihrer Familie, und viele setzten sich einfach nur hin – was zeigt, dass die Kālāmer nicht zu den Jüngern und dem Gefolge des Buddha gehörten, denn die haben sich immer vor ihm verbeugt. Der Stammesälteste erhob sich und schilderte dem Buddha die Lage: Sie hätten eine sehr schwierige Zeit hinter sich. Es seien schon viele Lehrer nach Kesaputta gekommen, und jeder habe seine eigene Lehre in den Himmel gehoben und jede andere verteufelt. Inzwischen hätten sie von allen möglichen Lehrern schon derartig viele verschiedene Lehren gehört, dass sie überhaupt nicht mehr wüssten, wem sie glauben sollen. »Ihr habt ganz Recht, an einer zweifelhaften Sache zu zweifeln«, antwortete der Buddha, »ich werde euch erklären, wonach ihr gehen sollt, um einem spirituellen Pfad zu folgen.« Und er erklärte ihnen die fünf Tugendregeln. Einer Lehre, die sie enthalte, könne man vertrauen. Es gibt viele Lehren, die diese Tugendregeln in sich einschließen. Um alle anderen aber soll man einen weiten Bogen machen, je weiter, desto besser.

In der Regel ist es so, dass man sich von einer bestimmten Lehre angezogen fühlt, sie einem vertraut vorkommt, selbst wenn sie einem ganz anderen Kulturkreis zugehörig ist. Diese Anziehungskraft rührt von vergangenen Leben her, man hat schon einmal das Gleiche gemacht; dieses Zugehörigkeitsgefühl ist eine zweifache Hilfe: Man hat sein Herz dieser Lehre gegenüber schon geöffnet und kann an das anknüpfen, was man bereits gelernt hat.

Dann zählte der Buddha den Kālāmern zehn Umstände auf, die alle kein Grund seien, einer Lehre zu folgen – seine eigene eingeschlossen, was einzigartig ist in der Geschichte aller spirituellen Lehren!

Einer Lehre sei nicht deshalb zu folgen, weil sie:

1. überliefert,
2. vom Lehrer an den Jünger weitergegeben,
3. in heiligen Schriften niedergelegt worden ist,
4. von Menschen um einen herum, zum Beispiel der Familie, auch geglaubt wird,
5. der eigenen vorgefassten Meinung entspricht,
6. etwas ist, das einem logisch erscheint,
7. einen mystischen Inhalt hat und die Fantasie anregt; ferner
8. nicht aus Vernunftgründen oder weil
9. der Lehrer eine vertrauenswürdige Person ist oder
10. der Lehrer, dem man zugehört hat, es so gesagt hat.

Was der Buddha den Kālāmern riet, war also: »Untersucht es selber!« Das trifft auf uns haargenau so zu wie damals auf die Kālāmer; in den Menschen hat sich seitdem überhaupt nichts geändert. Nicht einfach wie ein Schäfchen dem Hirten folgen, sondern selber untersuchen verlangt Vertrauen in das eigene Urteil.

Skeptischer Zweifel und damit Entschlusslosigkeit ist eine Plage, im täglichen Leben genauso wie beim spirituellen Fortschritt. Herkömmlich ist »skeptischer Zweifel« definiert als »der Zweifel daran, dass der Buddha erleuchtet war, das *Dhamma* die Wahrheit ist und die *Sangha*, die erleuchteten Jünger des Buddha, die Wahrheit richtig weitergegeben hat.«

Darüber haben wir uns vielleicht noch nie den Kopf zerbrochen; aber wir waren vielleicht schon im Zweifel darüber, welchem spirituellen Pfad wir folgen sollen. Und da sind uns diese Richtlinien von großem Wert.

Der Buddha hat den skeptischen Zweifel mit einer Gruppe Reisender verglichen, die sich ohne Landkarte und ohne Proviant in die Wüste begibt, natürlich den Weg verliert und immer im Kreis geht, bis sie am Ende von Banditen überfallen wird. Und er hat ihn mit einem Tümpel verglichen, der mit Wasserpflanzen so zugewachsen ist, dass man das Wasser überhaupt nicht mehr sehen kann.

Ein Lehrer fand, die Suche nach dem richtigen spirituellen Pfad gleiche der Suche nach Wasser: Man hat ein Landgut, will dort einen Brunnen bauen und fängt mal an einer Ecke an, nach Wasser zu graben, gräbt zehn Meter tief, stößt auf kein Wasser, ist sicher, es müsse die falsche Stelle sein, und versucht sein Glück an einer anderen, wieder vergeblich, abermals an einer anderen … zehnmal versucht man's. Dann hat man zehnmal zehn Meter tief gegraben und immer noch kein Wasser. Wäre man an einer Stelle geblieben und hätte hundert Meter in die Tiefe gegraben, wäre man wahrscheinlich auf Wasser gestoßen. Immer wieder kommt ein Zweifel in uns hoch: »Ach, es gibt bestimmt noch etwas Besseres!« Wenn man – worin auch immer – wirklich Erfolg haben will, muss man sich völlig hingeben können. Sollte es sich später als Irrtum herausstellen, kann man sich dann immer noch ändern.

Angenommen, Sie heiraten – und führen sich dann tagaus, tagein vor Augen, dass Sie eigentlich jemand Besseren verdient hätten und wer alles der ideale Partner für Sie hätte sein können. Sie leben dann niemals in völliger Hingabe, völligem Vertrauen, völligem Zusammensein – das kann keine gute Ehe werden. Ein spiritueller Pfad ist mindestens so nahe wie eine Ehe. Wenn man kein Vertrauen und keine Hingabe hat, fehlt ein ganz wichtiger Bestandteil. Mit dem Verstand allein ist es unmöglich. Er kann wohl den Anstoß geben, aber ohne Liebe, Vertrauen, volle Hingabe wird es immer trocken, nüchtern und bloße Gedankenarbeit bleiben. Die Wahrheit zu erkennen ist keine Gedankenarbeit. Die Wahrheit zu erkennen ist ein Erlebnis.

So viel über unsere fünf Hindernisse. Wir alle – ohne jede Ausnahme – haben sie, alle fünf. Nur der Erleuchtete ist sie losgeworden. Wir können unseren spirituellen Pfad daran ausrichten, an diesen fünf zu arbeiten, und uns zuallererst das vornehmen, das uns am meisten piesackt, das sich am häufigsten zeigt, unser ganz persönlicher schlimmster Feind ist, es können natürlich auch mehrere gleich stark sein. Nur wenn wir unsere Feinde kennen, haben wir die Chance, gegen sie anzugehen, in unaufhörlicher Arbeit an uns selber. Anders ist spirituelles Wachstum undenkbar.

VIII

Achtsamkeit

Achtsamkeit kann auf verschiedenen Ebenen praktiziert werden. Die unterste, die wir alle kennen, ist Achtsamkeit im Alltag: Wir passen auf, damit uns nichts passiert, im Straßenverkehr, im Haushalt, im Umgang mit Werkzeug und dergleichen. Wenn wir eine gute Portion gewöhnlicher Achtsamkeit schon praktiziert haben, sind wir auch nicht mehr so vergesslich und zerstreut. Achtsam sein heißt genau aufpassen. Wenn uns etwas gefällt oder interessiert, zum Beispiel ein Film, dann passen wir auch auf. Geschirrspülen interessiert uns nicht, also passen wir nicht sonderlich auf, und wenn dabei etwas in die Brüche geht, sagen wir »die Tasse ist mir aus der Hand gerutscht«. In Wirklichkeit ist die Achtsamkeit aus dem Geist gerutscht. Im Alltag benutzt jeder gerade so viel Achtsamkeit, wie für sein Überleben nötig ist. Wer ein bisschen achtsamer ist als der Durchschnitt, gilt bereits als tüchtig.

Aber wir haben den Samen zu viel größerer Achtsamkeit in uns. Sie ist diejenige Geistesfähigkeit, die zu üben und zu vervollkommnen der Buddha für das Wichtigste hielt. Was er dazu sagte – in der Lehrrede von den Grundlagen der Achtsamkeit, dem *Satipatthāna-Sutta* –, wird oft so übersetzt:[1] »Der einzige Weg ist dies zur Läuterung der Wesen, zur Überwindung von Kummer und Klage, zum Ende von Schmerz und Trübsal,

---

1) Übersetzung vom Ehrwürdigen Nyānaponika Mahāthera in: Der einzige Weg. Buddhistische Handbibliothek Band 9.

zur Gewinnung des rechten Weges, zur Verwirklichung von *Nibbāna*, nämlich die vier Grundlagen der Achtsamkeit.« Der »einzige Weg« könnte auch »der eine Weg«, »der gerade Weg«, »der richtige Weg« heißen, vielleicht sollten wir einfach sagen »der Weg«. Diese Lehrrede endet übrigens – sinngemäß – so: »Wer auch immer sieben Jahre lang vollkommen achtsam ist, der muss zur Erleuchtung kommen. Ja sogar sechs Jahre ... fünf Jahre ... vier Jahre ... drei Jahre ... zwei Jahre ... ein Jahr. Nein, sogar nur elf Monate ... zehn Monate ... neun Monate ... acht Monate ... sieben Monate ... sechs Monate ... fünf Monate ... vier Monate ... drei Monate ... zwei Monate ... einen Monat. Nein, wer auch nur sieben Tage lang vollkommen achtsam ist, muss zur Erleuchtung kommen.«

Da diese eine Geistesregung so viel vermag, lohnt sich zu untersuchen, wie wir Achtsamkeit benutzen können, damit wir etwas weiter mit ihr kommen als nur dahin, nicht überfahren zu werden und uns beim Kartoffelschälen nicht in die Finger zu schneiden. Die Achtsamkeit, die wir hier in der Meditation üben, ist nicht Mittel zum Zweck wie die Achtsamkeit im Alltag. Mit dem Atem wollen wir ja nicht, wie mit geschälten Kartoffeln, etwas anfangen; wir wollen ihn nur betrachten. Diese Art Achtsamkeitsübung zielt nicht auf ein Resultat, ist also rein, nicht verbunden mit anderen Zielen und Gedanken. Sie kann daher ein viel stärkeres, ein einspitziges Werkzeug für uns werden. Wenn uns Achtsamkeit auf den Atem, aufs Gehen oder was immer wir gerade tun, mehr zur Gewohnheit wird, wird es uns auch zur Gewohnheit, unseren Geist achtsam zu beobachten, um uns selber kennen zu lernen, damit wir eines Tages verstehen können, was, wer und wie wir wirklich sind, was hinter jener Person steht, die ständig etwas braucht, haben will oder nicht haben will, die von allen anderen Wesen getrennt ist, Urteile fällt und sich meistens im Recht fühlt.

Das sind ja nur die Kulissen, und wie beim Theater sollen sie etwas vortäuschen, das gar nicht existiert, es soll nur gefällig aussehen.

Die gewöhnliche Achtsamkeit auf die Verrichtungen des Alltags kann sich also ausweiten zu jener Achtsamkeit, die wir in der Meditation üben, und allmählich stark genug werden, uns zu Ruhe und Frieden zu bringen, denn sie befähigt uns, das Denken aufzugeben. Achtsamkeit ist eine Geistesbewegung, die für sich stehen kann, ohne Denken. Die Art von Glücksgefühl, die das Nichtdenken, die vollkommene Achtsamkeit in der Meditation vermittelt, ist auf keine andere Weise zu erlangen, nicht durch noch so schöne Sinneskontakte; es ist ausschließlich in uns selber zu finden, ist nur noch abhängig von unserer Konzentration. Auch wenn wir dieses Stadium erreicht haben, dürfen wir uns nicht auf unseren Lorbeeren ausruhen; wir müssen die Achtsamkeit dazu verwenden, in die Tiefe zu gehen, sie benutzen wie eine gut geschärfte Axt. Damit hat der Buddha sie nämlich verglichen. Man kann zur Not auch mit einer stumpfen Axt Holz schlagen; mit einer gut geschärften aber ist es eine Kleinigkeit. Achtsamkeit wird also, wenn gut geschärft, ein Werkzeug, mit dem sich all die Kulissen, die wir um uns herum gebaut haben, mit Leichtigkeit kurz und klein schlagen lassen. Wenn wir zu Klarblick, Einsicht *(vipassanā)* in die Dinge, wie sie wirklich sind, gelangen wollen, müssen wir natürlich bei uns selber anfangen; darum empfehle ich, bei der Meditation alles, was hochkommt, anzuschauen, zu benennen, zu wissen, was es ist. Nur so lernen wir uns selber kennen: wie wir denken, wie wir fühlen, wie wir reagieren. Achtsamkeit wirkt dabei wie ein Mikroskop. Wenn wir irgendwo einen Wassertropfen sehen, schenken wir ihm überhaupt keine Beachtung; wir haben schon Tausende von Wassertropfen gesehen, alle sehen gleich aus, sie sind ganz uninteressant. Anders, wenn wir ihn unters Mikroskop halten – dann ist es faszinierend, dann kommt Leben in den Wassertropfen: Wir sehen Partikelchen darin herumschwimmen, wir sehen Farbe, Bewegung; unterm Mikroskop entdecken wir im Wassertropfen eine neue Welt.

Unter dem Mikroskop Achtsamkeit entdecken wir auch unser Ich als eine neue Welt – nämlich als ein sich ständig änderndes Phänomen.

Es gibt vier Grundlagen der Achtsamkeit (*satipatthāna*). Die erste ist *Achtsamkeit auf den Körper* (*kāyānupassanā*), zum Beispiel auf den Atem, auf Haltung und Bewegung; sich achtsam hinsetzen, achtsam gehen (aufstehen, liegen, Hände waschen, Geschirr spülen, essen, auf die Toilette gehen). Sie ist insofern von den vier Grundlagen der Achtsamkeit die einfachste, als der Körper dem Auge sichtbar und dem Tastsinn fühlbar ist und nicht entkommen kann: Wo immer wir sind, ist auch unser Körper. Wir können ihn höchstens vergessen. Dann müssen wir uns erinnern. Erinnerungsvermögen gehört zu Achtsamkeit. Wer wirklich aufpasst, lernt und behält leicht.

Möglicherweise erkennen wir bereits durch reine Achtsamkeit auf den Körper, dass da niemand wirklich »Ich« ist; mit Sicherheit aber ist sie der erste Schritt zu der Einsicht, dass Geist und Körper zwei getrennte Einheiten sind. Alles, was wir im Körper spüren, hat der Geist verursacht. Unsere Gefühle können sich ja nicht anders manifestieren als körperlich. Wenn wir zum Beispiel vergnügt sind – ein Gefühl –, lachen oder lächeln wir – das ist körperlich. Wenn wir traurig sind – ein Gefühl –, weinen wir oder ziehen ein langes Gesicht, auch das ist körperlich. Wenn wir bei starkem Verkehr Auto fahren müssen und uns unsicher fühlen, spannen wir die Schultern an – ich könnte noch viele solche Beispiele aufführen. Es gibt bis auf ererbte Krankheiten überhaupt keine Körperbeschwerden, die nicht der Geist hineingeschmuggelt hätte. Die heutige Medizin geht zunehmend davon aus, dass die meisten Krankheiten psychosomatisch sind. Das bedeutet nicht, wie man früher einmal annahm, sie seien nur Einbildung, im Gegenteil. Es bedeutet nur, dass der Geist ihr Urheber ist. Das leuchtet ohne Weiteres ein. Der Geist, den wir ja ständig benutzen und der ständig reagiert, muss sich schließlich irgendwie zum Ausdruck bringen. Den Körper könnte man, wäre kein Geist in ihm, bei lebendigem Leibe in Stücke zerhacken – er würde keinen Mucks von sich geben. Ohne Geist hat der Körper nichts mehr zu sagen. Es ist der Geist, der die Wünsche, Erwartungen, Abneigungen und Vorstellungen hat.

Den trainierten und erleuchteten Jünger, so sagt der Buddha, peinigt ein Stachel, den untrainierten und unerleuchteten zwei. Der eine sind die Unzulänglichkeiten des Körpers, die auch der Erleuchtete hat, aber er reagiert nicht darauf. Auch der Buddha war manchmal krank und hatte, besonders gegen Ende seines Lebens, große Schmerzen, aber der Geist hat ihn nicht geschmerzt. Der Untrainierte, Unerleuchtete dagegen hat zwei Peiniger: Sein Geist reagiert auf unangenehme Körpergefühle, er jammert. Dieses Jammern kann man durch Achtsamkeit loswerden, sobald man erkennt, dass der Körper nur der Diener des Geistes ist. Mit einem guten Diener, aber schlechten Herrn lässt sich keine gute Wirtschaft führen, sehr wohl dagegen mit einem guten Herrn und schlechten Diener.

Zu erkennen, dass Geist und Körper zwei sind, ist der erste Schritt in Richtung Klarblick; der nächste ist, gewahr zu werden, wie alles erscheint, bleibt und wieder verschwindet.

Der Atem kommt, bleibt, geht; der Fuß hebt sich, bleibt oben, senkt sich; wenn wir stillstehen, bewegt sich das Blut, bewegen sich die Lippen, ununterbrochen wachsen Haare oder fallen aus, zerfallen Zellen – es gibt nichts, was sich nicht ununterbrochen ändert.

Das zweite, worauf man die Achtsamkeit richten kann, sind die *Gefühle*, und zwar vor allem die *Emotionen (vedanānupassanā)*, sowie die Empfindungen im Körper wie Schmerz, Stechen, Jucken, Prickeln, Wärme, Kälte.

Achtsamkeit auf die Gefühle muss unsere Hauptarbeit werden, denn wir alle, ob wir es wissen oder nicht, haben die Reaktion auf unsere Gefühle zum Lebensinhalt.

Viele Menschen haben keine Ahnung, was sie fühlen, ihr eigenes Gefühlsleben ist eine fremde Welt für sie. In Wahrheit werden sie aber genauso von ihren Gefühlen herumdirigiert wie alle anderen auch; sie kennen sie nur nicht und bilden sich ein, sie könnten alles mit dem Verstand lösen. Die einseitige Schulung des Intellekts auf Kosten der Gefühle hat viel Unheil angerichtet. Wir brauchen unser Gefühlsleben genauso wie das verstandesmäßige Verstehen; beides muss in uns lebendig und in Einklang sein.

Als Erstes kommt der Sinneskontakt, von ihm entsteht ein Gefühl »angenehm«, »unangenehm«, »neutral«, und dann kommt der Geist, der erstens erklärt: »Das ist Schmerz«, »das ist Freude«, »das ist Glück«, »das ist Unglück« und zweitens wertet: »Das hab ich gern und will's behalten«, »das mag ich nicht und will's loswerden«, »das ist neutral« – er tut das automatisch, instinktiv. Gefühle entstehen, weil wir die sechs Sinne haben. Daran können wir nichts ändern. Der Erleuchtete hat genauso viele Gefühle wie der Unerleuchtete. Darüber gibt es oft Missverständnisse. Es wäre schrecklich, wenn ein Erleuchteter tatsächlich nichts mehr fühlte; dann wüsste er ja auch nicht, was andere Menschen fühlen. Der Unterschied ist: Uns macht ein Gefühl entweder glücklich oder unglücklich, für den Erleuchteten ist das Gefühl nur ein Gefühl. Wir wissen allenfalls, dass wir ein Gefühl des Ärgers oder der Freude oder des Leids haben, aber wir werden dann eben ärgerlich oder erfreut oder leiden. Wir werden das Gefühl. Wir identifizieren uns mit dem Gefühl statt mit der Wandelbarkeit, Unbeständigkeit, was es in Wahrheit ist.

Gerade in der Meditation, wenn wir ganz ruhig sitzen, können wir lernen, aufsteigende Emotionen, wie Trauer, Langeweile, Widerstand, Erregung, Sorge, Kummer, Ungeduld, loszulassen; wenn es uns in der Meditation gelingt, nicht zu reagieren, kann es uns dann auch im täglichen Leben gelingen. Nichts könnte nutzbringender sein!

Wenn also Ärger hochkommt, nicht ärgerlich werden; ihn anschauen, sehen, dass er da ist, und fallen lassen.

Wenn Kummer hochkommt, nicht bekümmert werden; anschauen, fallen lassen.

Wenn Sorge hochkommt, nicht besorgt werden – fallen lassen.

Achtsamkeit auf die Gefühle, die in einem herumschweben, und unsere Reaktion darauf ist deshalb unsere wichtigste Aufgabe im Leben, weil sie der einzige Weg ist, der uns aus *Saṁsāra*, dem ewigen Kreis der Wiedergeburten, hinausführt. Die Reaktion auf unsere Gefühle ist das, was uns darin festhält: »Ich will's, ich will's nicht; ich hab's gern, ich kann's nicht leiden; es ist bequem, es ist unbequem«. Wenn wir einmal diesen Kreis durchbrechen können, dann haben wir die Tür hinaus gefunden. Wir müssen daher scharf auf uns aufpassen!

Die dritte Möglichkeit ist *Achtsamkeit auf den Denkprozess* (*cittānupassanā*): zu wissen, dass die Gedanken wieder einmal mit uns spielen. Man muss diese Achtsamkeit in der Meditation verfeinern können, so dass sie mehr einspitzig wird, und lernen zu erkennen und mit der ganzen Aufmerksamkeit dabei zu sein, wie die Gedanken hochkommen und wie sie wieder gehen. Nur dann hat man ihre Unbeständigkeit erfahren. Man muss es erlebt haben, wie die Gedanken gleich einer Seifenblase entstehen, wie eine Seifenblase aussehen – schillernd und substanzlos – und in dem Moment, wo man sich auf sie stützen will, zerplatzen. Auch positive Gedanken sind letzten Endes substanzlos, aber sie dienen unserer Läuterung, helfen uns, das Negative in uns auszumerzen. Das Negative ist dunkel, es hat die Eigenschaft der Vernebelung, des Widerstandes, der Verhärtung, der Zusammenschrumpfung, und daher führt es uns nicht auf den Weg der Erleuchtung. Das Positive ist hell, großzügig, weit und kann uns auf dem Weg helfen. Dass es möglich ist, von der Sklaverei der Gedanken freizukommen, zeigt die folgende Geschichte von Bāhiya, einem religiösen Lehrer aus der Zeit des Buddha. Er lehrte jahrzehntelang in der Gewissheit, erleuchtet zu sein. Eines Nachts, als er in seinem Zimmer saß und meditierte, erschien ihm eine *Deva* und sagte zu ihm: »Bāhiya, du bist nicht erleuchtet, du weißt nicht einmal, wie man erleuchtet werden kann.« Bestürzt fragte er sie um Rat. Er solle zum Buddha gehen, der werde es ihm erklären, und sie wies ihm den Weg. Er machte sich sofort, mitten in der Nacht, auf, an nichts anderem mehr interessiert. Am nächsten Morgen kam er am Ziel an, wurde aber abgewiesen, er komme zur falschen Zeit, der Buddha sei gerade auf Almosenrunde. Aber Bāhiya hörte nicht auf die Leute, sondern lief dem Buddha nach und holte ihn schließlich ein. Er verbeugte sich vor ihm und sagte, er wolle ihn etwas fragen. Der Buddha erwiderte: »Bāhiya, du bist zur falschen Zeit gekommen. Ich bin auf Almosenrunde, ich beantworte jetzt keine Fragen.« Bāhiya ließ aber nicht locker, und beim dritten Mal erbarmte sich der Buddha: »Was möchtest du denn wissen?« – »Ich möchte wissen, wie ich erleuchtet werden kann.« Der Buddha antwortete: »Für dich ist das Gesehene nur das

Gesehene, das Gehörte nur das Gehörte, das Erkannte nur das Erkannte.« Bāhiya dankte ihm und entfernte sich. Am Nachmittag ging der Buddha mit seinen Mönchen spazieren, dabei stießen sie auf Bāhiya – er war tot, eine wild gewordene Kuh hatte ihn getötet. Der Buddha sah sich den Leichnam an und sagte: »Bāhiya wurde erleuchtet, ehe er starb.« Durch diese kurze Lehrrede hatte er *Nibbāna* – die volle Freiheit – erfahren. Die meisten von uns wissen nicht einmal, was gemeint ist mit: »Das Gesehene ist nur das Gesehene, das Gehörte nur das Gehörte, das Erkannte nur das Erkannte«. Wenn wir etwas sehen, in Wirklichkeit ist es nichts als Form und Farbe, wird automatisch ein Gedankenprozess in Gang gesetzt, desgleichen beim Hören, das in Wirklichkeit nichts ist als Geräusch. Der Geist erzählt die Geschichte dazu: »Der hustet schon wieder. Wie soll man sich da konzentrieren können? Die Leute sollten zu Hause bleiben, wenn sie krank sind. Ich an seiner Stelle ...« Genauso, wenn wir etwas mit unserem Geist erkennen: Sofort beginnt dadurch die Vorstellung. Der Buddha hatte dem Bāhiya anempfohlen, einmal mit den Vorstellungen aufzuhören und ganz reine Achtsamkeit walten zu lassen, die reinste, die es gibt: nur zu sehen, nur zu hören, nur zu erkennen. Nur schauen und wissen, dass das Auge schaut, ohne Gedankenarbeit. Dann ist Ruhe und Frieden.

Die vierte Möglichkeit, Achtsamkeit walten zu lassen, und noch erfahrungsreicher als die dritte, ist *Achtsamkeit auf den Inhalt der Gedanken* (*dhammānupassanā*). Wenn wir bereits den bloßen Gedanken als unheilsam durchschauen, können wir uns im täglichen Leben davor schützen, ihm auch noch eine unheilsame Reaktion folgen zu lassen, und wir können ihn korrigieren.

Achtsamkeit darauf, ob ein Gedanke heilsam oder unheilsam ist, hat der Buddha »die vier großen Anstrengungen«

genannt, einmal weil es sehr schwierig ist; zum anderen aber, weil es uns die größten Vorteile, den größten Frieden bringen kann.

1. Einen unheilsamen Gedanken, der noch nicht aufgestiegen ist, nicht hereinlassen.
2. Einen unheilsamen Gedanken, der schon aufgestiegen ist, nicht weiterführen.
3. Einen heilsamen Gedanken, der noch nicht aufgestiegen ist, herbeiführen.
4. Einen heilsamen Gedanken, der schon aufgestiegen ist, weiterführen.

Als Formel dafür zum Einprägen:
vermeiden – überwinden – entfalten – erhalten.

Bei der Achtsamkeit auf den Inhalt der Gedanken können wir uns vom Gefühl leiten lassen. Ist ein Gedanke im Sinne des *Dhamma*, führt er in die spirituelle Freiheit, verkleinert er das Ego, gibt er uns ein Gefühl von Leichtigkeit, Fallenlassen, Freude; führt der Gedanke uns in die Gefangenschaft im Weltlichen zurück, fühlen wir uns beschwert, beunruhigt, ängstlich. Ferner können wir uns die körperlichen Reaktionen zunutze machen, mit denen sich negative Gedanken und Gefühle ankündigen, und sie dadurch beizeiten aussperren. Kommt zum Beispiel Hitze hoch, ist Ärger im Anzug – nicht hereinlassen! Oder wir spüren eine gewisse Turbulenz, Unruhe rückt an – nicht hereinlassen! Wenn manchmal nach einem Maßstab für Gut und Böse, Richtig und Falsch gefragt wird: Auf diese Art und Weise kennen wir ihn selber. Man muss sein eigener Lehrer und sein eigener Schüler sein. Abhängigkeit vom oder Anhänglichkeit an den Lehrer ist nicht im Sinne der Lehre des Buddha. Der Buddha wird manchmal dargestellt mit gesenkter, die Handfläche nach außen gekehrter Linken, während die rechte Hand in Meditationsgeste ruht. Das besagt: »Ich habe nicht mit geschlossener Faust gelehrt, sondern mit offener Hand; nichts ist geheim. Die ganze Lehre ist für euch da. Und was ich euch gelehrt habe, genügt, um erleuchtet zu werden. Seid eine Insel für euch selber, eine Zuflucht für euch selber. Führt es weiter mit Fleiß.«

Jeder für sich, ein anderer kann höchstens Richtlinien geben. Achtsamkeit muss unser Lehrer sein. Sie lehrt uns alles, was wir wissen müssen. Was nicht mit Achtsamkeit zu erkennen ist, ist Fantasie. Achtsamkeit ist die Realität. Denn man kann nur achtsam sein auf das, was wirklich ist. Man kann nicht achtsam sein auf etwas, das man gerne haben möchte, das existiert nämlich nicht; man kann nur auf den Wunsch achtsam werden. Achtsamkeit wirft uns immer wieder auf den Boden der Realität zurück.

Manchmal wird dieser Lehre von der Achtsamkeit der Vorwurf gemacht, sie sei trocken und langweilig. Mag sein, dass sie sich so anhört. Wenn man sie aber praktiziert, ist sie ganz im Gegenteil hochinteressant! Nicht nur, dass man sich dabei selber kennen lernt – tiefere Achtsamkeit zeigt uns in einem völlig neuen Licht: Wir vermögen uns als Teil eines Ganzen zu erkennen, verlieren die Trennung von allem um uns herum, ob Menschen, ob Tiere, ob Pflanzen. Wir hören dann auch auf, uns zu tadeln oder zu lobpreisen. Denn Achtsamkeit ist neutral. Sie ist vollkommen objektiv, passt nur auf. Sie schaut hin und sieht.

Weil Achtsamkeit neutral ist, ohne Urteilskraft und Erklärung, gehört zu ihr die Wissensklarheit; sie erwägt: »Zu welchem Zweck denke, sage, tue ich dies?« und macht damit Ändern möglich. Achtsamkeit und klares Verstehen müssen also zusammen geübt werden.

Dank ständiger Achtsamkeit auf Gedanken, Gefühle und

Worte können wir uns läutern – und das ist der spirituelle Pfad; ob man sich dazu bekennt, ein Anhänger des Buddha zu sein, macht in dieser Beziehung überhaupt keinen Unterschied. »Spiritueller Pfad« bedeutet: Geistes- und Gefühlsleben sind wichtiger als das materielle Leben.

Achtsamkeit schafft den Raum, sich umzudrehen und so vor Gefahren zu schützen. Sie ist für uns das, was die Bremse am Auto ist. Wenn man ein Auto ohne Bremse fährt, ist das wohl eine Einladung zum Selbstmord. Ein Leben ohne Achtsamkeit ist potenzieller emotionaler Selbstmord. Beim Autofahren muss man bereits vor Erreichen einer gefährlichen Kurve abbremsen, wenn man schon drin ist, ist es zu spät: Das Auto überschlägt sich. Es gibt im Leben haufenweise gefährliche Kurven; Achtsamkeit ist die einzige Chance, rechtzeitig abzubremsen, das Steuer wieder in die Hand zu kriegen und den Wagen unseres Lebens in die richtige Lage zurückzubringen.

Wir müssen also unsere allzu dürftig ausgeprägte Alltags-Achtsamkeit schärfen und erweitern. Dann wird sie der Leiter und Behüter, der uns den ganzen spirituellen Pfad bis zum *Nibbāna* führen kann.

IX

Die Vier Edlen Wahrheiten

Als der Buddha noch ein Bodhisatta war und unter dem Bodhi-Baum saß, um das Ende allen Leidens zu finden, das die Menschheit peinigt, benutzte er seine Fähigkeit zur Meditation, wie er sie in den sechs Jahren seines Asketenlebens bei seinen beiden Lehrern gelernt hatte. Er beschrieb sie als die »acht Vertiefungen«. Obwohl er die tiefsten Vertiefungen erreichen konnte, hatte er schon bei den Lehrern festgestellt: Für die Dauer der Vertiefung war zwar keinerlei Bewusstsein von *dukkha* mehr da, nur das Bewusstsein von der jeweiligen Vertiefungsstufe, aber danach tauchte *dukkha* unverändert wieder auf. Jetzt, unter dem Bodhi-Baum, benutzte er diese meditativen Vertiefungen, um seinen Geist vollkommen klar, ruhig, glücklich und vollkommen einspitzig zu machen, so dass er von nichts Weltlichem mehr getrübt war; und als er dann aus den Vertiefungen herauskam, konnte er spontan in sich selber die absolute Wahrheit sehen, die allem Existierenden zugrunde liegt. Aber der Buddha sah sie nicht nur, sondern vermochte sie später – und das ist einzigartig in der Menschheitsgeschichte – auch so genau zu formulieren, dass auch andere Menschen Nutzen daraus ziehen und ihr folgen konnten – bis auf den heutigen Tag. Diese exakten psychologischen Formulierungen sind es auch, die für viele Menschen die Buddha-Lehre so anziehend macht, nur bleiben viele bei den Erklärungen stecken. Was der Buddha in seiner Erleuchtung erlebte, nannte er dann die *Vier Edlen Wahrheiten* und den *Edlen Achtfachen Pfad*. Sie sind sozusagen die Achse, um die sich die ganze Lehre wie ein Rad dreht.

Die *Erste Edle Wahrheit* ist die Wahrheit von *dukkha*: Leben ist leidhaft. Nichts Weltliches kann wirklich befriedigen. *Dukkha* bedeutet auch, dass die ständige Bewegung in uns ständige Reibung bewirkt. Diese Reibung, ob durch eine Bewegung des Geistes oder des Körpers, ruft immer wieder in uns das Gefühl hervor, nicht wirklich zur Ruhe gekommen zu sein. Dafür ist der einzige Grund, das besagt die *Zweite Edle Wahrheit*, dass wir nie zufrieden sind, ständig in uns ein Begehren haben. Es fällt schwer zu begreifen, dass sogar hochintelligente Menschen glauben, es könnte Frieden herrschen, wenn man ihn nur mit dem nötigen Nachdruck fordern würde. Ich bin sicher, dass wir alle hier von uns verlangt haben, ganz zum Frieden zu kommen; am ersten Tag, am zweiten, am dritten, vierten ... gestern, heute – und wie sieht es wirklich in uns aus? Verlangen genügt nicht, da muss mehr geschehen. Dieses Begehren, das wir in uns haben, dieses ständige Streben nach Glück, ist auf die Leere zurückzuführen, die wir in uns spüren, wir fühlen uns unvollständig. Deshalb suchen wir als Frau den Mann, als Mann die Frau – die Ernüchterung lässt dann nicht lange auf sich warten. Es gibt nur eine Antwort: In sich selber muss man zur Ganzheit kommen.

Wenn Zweifel an der Lehre in uns aufkommen, was gar nicht so ungewöhnlich ist, brauchen wir uns nur an die Erste und Zweite Edle Wahrheit zu erinnern und zu prüfen: »Stimmt das?« Wer wahrheitsgetreu mit sich selber umgeht, wird binnen einer Sekunde zugeben müssen, dass es stimmt. Wenn der Buddha mit der *Ersten* und *Zweiten Edlen Wahrheit* Recht hat, kann man nur in liebevollem Vertrauen glauben, dass er auch mit der *Dritten* recht hat, der *Edlen Wahrheit* von *Nibbāna*; dass es eine Möglichkeit gibt, *dukkha* vollkommen loszuwerden, einen Zustand zu erreichen, in dem es nicht existiert. Das können wir jetzt natürlich noch nicht nachprüfen, aber wir können es als Hoffnung und als ein herrliches Versprechen in uns aufnehmen und uns dann sofort mit der *Vierten Edlen Wahrheit* beschäftigen, dem Weg, der »Landkarte«. Nicht nur der *Edle Achtfache Pfad*, sondern die ganze Lehre ist wie eine Landkarte. Auf ihr sind alle Stationen genau erklärt und auch, wo der Weg sumpfig wird, wo man leicht abrutschen kann, wo es irgendwelche Barrieren gibt. Aber die beste Landkarte nützt nichts, wenn wir uns nicht auf den Weg machen und sie nicht den ganzen spirituellen Pfad entlang bereithalten. Ohne sie geraten wir auf Abwege. »Ihr Mönche, wenn es nicht möglich wäre, erleuchtet zu werden, was für einen Sinn hätte dann das spirituelle Leben? Es ist möglich, erleuchtet zu werden. Darum sage ich euch: Lebt das spirituelle Leben.«

Der *Edle Achtfache Pfad* heißt so, weil er acht Stufen, acht Schritte umfasst. Aber man hat ihn sich nicht als eine Art Leiter vorzustellen, die man Sprosse um Sprosse hinaufsteigt, sondern als einen acht Schritte breiten Pfad. Man kann sich gleichzeitig zu allen acht Fähigkeiten erziehen. Er lässt sich auch mit einer achtspurigen Autostraße vergleichen, bei der ja ebenfalls alle acht Spuren parallel befahren werden. Jedes Stück, das man auf einer Spur vorankommt, fördert die gesamte Strecke.

Ein Vers im *Dhammapada*[1)] heißt auf Deutsch ungefähr so: »Viel besser ist, eine wertvolle Zeile wirklich zu wissen, als tausend wertlose Zeilen«. Es ist also besser, sich mit einer Zeile gründlich zu beschäftigen und sie zu verwirklichen, als Tausende von unnützen Worten im Kopf zu haben.

Der *Achtfache Pfad* lebt in jedem Menschen, wir alle sind

---

1) Vers 102.

sein Beweis. Er ist, wie die ganze Buddha-Lehre, dreifach gegliedert:

a) Sittlichkeit (*sīla*)
b) Konzentration/Geistessammlung (*samādhi*)
c) Weisheit (*paññā*).

Diese drei Tugenden und Fähigkeiten kennzeichnen die ganze Buddha-Lehre; sie sind es, die – wenn vollkommen verwirklicht – einen Vollendeten ausmachen. Wir spüren, dass wir alles andere als vollendet sind, und darum suchen wir Erfüllung. Wenn wir genügend Vernunft haben, nach einem spirituellen Weg zu suchen, haben wir den ersten Schritt auf dem *Achtfachen Pfad* getan, der von Weisheit geprägt ist. Man braucht ein gewisses Maß an Weisheit, um überhaupt einen Schritt zu tun.

Der erste Schritt ist die *rechte Einsicht*. Dazu gehört, dass wir uns unvollendet vorkommen und die Vollendung nicht weiterhin im Materiellen suchen, sondern im spirituellen Wachstum; ferner die Einsicht, dass wir allein verantwortlich sind für das, was uns geschieht. Dazu gehört auch die richtige Ansicht über *Karma*: dass wir der Eigentümer unseres *Karma* sind, der Fabrikant unseres Glücks und unseres Unglücks. Die richtigen Einsichten bringen uns dazu, etwas zu unternehmen, nicht in der Situation stecken zu bleiben und über unser »Schicksal« zu jammern. Man muss erkannt haben, dass es sowohl nötig wie möglich ist, sich zu ändern. Das ist Weisheit. Der Spruch, man müsse die Menschen eben nehmen, wie sie sind, ist ein Zeichen von Dummheit, sofern man ihn auf sich selber bezieht, also selbstgefällig wird. Wenn man andere so akzeptiert, wie sie sind, ist es liebevoll.

Die rechte Einsicht, die einen auf den spirituellen Pfad führt, wird gekrönt von der rechten Erkenntnis des Ich / Selbst. Hier schließt sich sozusagen der Kreis, wenn man den *Edlen*

Achtfachen Pfad gegangen ist und ihn in sich verwirklicht hat; sie ist das Ziel.

Der zweite Schritt auf dem *Achtfachen Pfad* und ebenfalls dem Weisheitsteil zugehörig ist die *rechte Absicht*. Und die Absichten sind, wie wir gesehen haben, *Karma*.

Wenn man zum Beispiel in seinem Garten einen Ameisenhaufen hat, der einen stört, und ihn mutwillig zerstört, steht dahinter die Absicht, die Ameisen zu vernichten. Wenn wir aber des Weges gehen und dabei, weil wir sie nicht sehen, Ameisen zertreten, geschieht es ohne Absicht, ist also kein *Karma* des Tötens, höchstens das *Karma* der Unachtsamkeit. – Ein Raubmörder überfällt einen reichen Mann, schlitzt ihm mit einem Messer den Bauch auf, nimmt Geld und Wertsachen an sich und macht sich davon. Ein Chirurg nimmt gleichfalls ein Messer, schneidet einem Mann den Bauch auf, der Mann stirbt auch, etwas von seinem Reichtum geht auf den Chirurgen über, aber »wenn zwei das Gleiche tun, ist es noch lange nicht das Gleiche«: Es ist eine ganz andere Absicht dahinter. Es kommt auf die Motivation an. Tue ich etwas, um anerkannt, geliebt, berühmt, reich zu werden, um mich zu amüsieren, zu betäuben – oder tue ich es, um zu helfen, zu geben, zu lieben? Kein anderer als man selber kann das wissen. Die eigenen Absichten zu durchschauen, ist der einzige Weg zur Läuterung. Unsere Absichten gleichen einem Eisberg: Der größte Teil ist unter Wasser. Was über Wasser liegt, ist uns ganz klar: »Ich tue das nur, weil ich helfen will«. Aber was liegt darunter? Kann ich denn wirklich helfen? Weiß ich denn genau, was ich mache? Dieses Insichgehen soll auf keinen Fall Anlass für Selbsttadel sein, sondern eine Entdeckungsreise ins eigene Innere – die interessanteste, die Sie machen können!

Der zweite Teil des *Achtfachen Pfades* handelt vom sittlichen Verhalten (*sīla*); dazu gehört:

1. die rechte Rede
2. das rechte Tun
3. der rechte Lebenserwerb.

Die rechte Rede ist der erste Schritt.

Wie Sie sehen, hat der Buddha die vierte der fünf Tugendregeln, den rechten Gebrauch der Sprache, noch einmal extra als dritten Schritt auf dem *Achtfachen Pfad* erwähnt. Sprechen ist ja unser regster Kontakt mit unserer Umwelt, und wenn wir nicht sehr achtsam sind, reden wir durchaus nicht immer hilfreich, wahrheitsgemäß und besonnen. Wir irren, wenn wir meinen, nur weil wir sprechen können, hätten wir schon die rechte Redeweise; wir müssen vielmehr lernen, die Sprache geschickt zu benutzen, so dass aus ihr nicht Zwist oder gar Feindschaft, sondern Harmonie mit anderen Menschen erwächst. Wer mit Sprache geschickt umzugehen weiß, kann sogar die schwere Kunst lernen, andere zu überzeugen. Darin war der Buddha Meister. Manch einer, der seinen Lehrreden zuhörte, gewann dabei Erleuchtung. Der Buddha hat die Sprache so verwendet, dass, durch die Worte belebt, in seinen Zuhörern das Auge des *Dhamma* aufgegangen ist.

Daher haben wir noch heute die Tradition des *Dhamma*-Sprechens. Das ist bemerkenswert in einer Zeit, in der über die Buddha-Lehre so viele Bücher zur Hand sind, mittlerweile auch auf Deutsch, dass man sie eigentlich auch aus Büchern lernen könnte. So wie Kinder sich heutzutage den bloßen Lehrstoff auch ohne Lehrer, zum Beispiel durch Fernseh-Lektionen und andere didaktische Neuerungen, aneignen könnten. Und doch haben wir weiterhin Lehrer, in den Schulen und vor allem beim *Dhamma*. Beim mündlichen Vortrag kommt eben weit mehr zum Ausdruck als nur der Wortlaut, der Text; dahinter steht der ganze Mensch und der Grad seiner Läuterung. Wir können zwar die Worte manipulieren, nicht aber den »Ton«, der bekanntlich »die Musik macht«, und die Körpersprache; die verraten, was dahinter steckt. Es ist oft viel weniger wichtig, was man sagt, als wie man's sagt. Daher ist eine gesprochene Lehre immer noch die eindringlichste. Solange das *Dhamma* in diesem Weltzeitalter existiert, wird es auch Lehrer geben, die es mündlich weitergeben.

Der Ehrwürdige Ajahn Fun, ein thailändischer Meditationsmeister und Mönch, wurde weithin berühmt durch seine *Dhamma*-Reden. Täglich kamen Busse aus dem zwölf (!) Fahrstunden weit entfernten Bangkok in sein Kloster im Nordosten Thailands, voll mit Leuten, die nichts weiter wollten als seine Reden hören, obwohl er nichts sagte, was nicht sowieso jeder wusste. Aber wie er es gesagt hat! Durchdrungen von liebender Güte.

Der Buddha hat auch einiges über die Sprache des *Dhamma* gesagt: Das *Dhamma* müsse in einer ganz präzisen Sprache gesprochen werden, weil es sonst noch leichter misszuverstehen sei als sowieso schon. Ferner solle das *Dhamma* in der jeweiligen Landessprache gesprochen werden. Das ist sehr aktuell für uns, denn hier im Westen ist es oft gar nicht möglich, das *Dhamma* in unserer Landessprache hören zu können. Das *Dhamma* solle auch nicht in Mundart, sondern in der Sprache, die den meisten Menschen am besten verständlich sei, gesprochen werden. Eine Mundart gilt ja meist nur für ein eng begrenztes Gebiet und ist nicht immer präzise genug. – Und das *Dhamma* finde erst Einzug in ein Land, wenn dort ein Sohn des Landes in seiner eigenen Sprache zum Mönch ordiniert werden könne. In England zum Beispiel ist das jetzt möglich, aber in Mitteleuropa scheint es noch nicht so weit zu sein. Es ist interessant, dass der Buddha darüber gesprochen hat; offenbar hat er vorausgesehen, dass sich das *Dhamma* in fremde Länder verbreiten werde.

Der Buddha hatte einen Sohn, *Rāhula*. Der war etwa sieben Jahre alt, als der Buddha nach seiner Erleuchtung nach Hause zurückkehrte, um auch seine Familie in der Lehre zu unterweisen. Er sah jetzt seinen Sohn zum ersten Mal, denn er hatte das Haus verlassen, als das Kind gerade geboren war, und hielt ihm nun eine private Lehrrede. Wenn ein erleuchteter Vater seinem eigenen Sohn eine Lehrrede hält, können wir wohl annehmen, dass er das Wichtigste bespricht, was er sich nur vorstellen kann. Diese Lehrrede an Rāhula handelt vom Nicht-Lügen.

Der Buddha zeigte seinem Sohn eine Suppenkelle, in der ein Tropfen Wasser war, und fragte ihn:

»Was siehst du hier in dieser Suppenkelle?«

»Ich sehe einen Tropfen Wasser.«

»So einen Tropfen, Rāhula, ist der Mensch nur wert, der lügt.« Er schüttete diesen Tropfen Wasser weg und fragte seinen Sohn, was jetzt sei.

»Jetzt hast du das Wasser weggeschüttet.«

»So wirft der Mensch, der lügt, alles weg, was gut in ihm ist.« Dann zeigte er ihm einen leeren Krug: »So leer ist der Mensch, der lügt.«

Dann drehte er den Krug um: »So ist der Mensch auf den Kopf gestellt, der lügt.« Und er fuhr fort: »Wenn jemand lügt, ist er auch zu allen anderen Schandtaten fähig. Lügen ist das Erste, das in einem Menschen, der Schlechtes tun will, hochkommt.« Er machte dies mit der Suppenkelle und dem Krug anschaulich, damit es sich das Kind auch merke.

Lügen kann das ganze Leben durcheinander bringen. Oft lügt man, um anderen nicht weh zu tun. Dann ist es viel besser, gar nichts zu sagen. Lügen ist »falsche« Rede, aus welchem Grunde auch immer. Lügen zum eigenen Vorteil ist natürlich eine schlechte Tat. Aber selbst wenn ich lüge, um anderen nicht weh zu tun, steckt dahinter Angst oder Begierde – der andere soll mich nicht tadeln, mir gewogen bleiben –, also Ich-Bezogenheit. Niemals kann Lügen als nötig entschuldigt werden.

Die rechte Redeweise hat der Buddha in einer Lehrrede so erklärt: Wenn man etwas weiß, das dem anderen weh tun kann, und es ist unwahr, so soll man es auf keinen Fall sagen.

Wenn man etwas weiß, das ihm weh tun kann, und es ist wahr, soll man es auch nicht sagen.

Wenn man etwas weiß, das ihm helfen kann, und es ist unwahr, soll man es nicht sagen.

Wenn man etwas weiß, das ihm helfen kann, und es ist wahr, dann soll man den richtigen Moment finden. Der richtige Augenblick ist dann gekommen, wenn der andere empfänglich ist und hören will; wenn Ruhe und Frieden herrscht und ein offenes Miteinander möglich ist, vor allem wenn der Sprecher nur Liebe und Mitgefühl für den Angesprochenen empfindet. Die rechte Redeweise vermeidet jedes impulsive Sprechen.

Der Buddha hat auch erklärt, wie man Fragen beantwortet. Auch das ist nicht so selbstverständlich, wie es uns vorkommt. Er nannte vier Möglichkeiten, auf Fragen zu antworten:

1. Mit Ja oder Nein
2. mit einer längeren Erklärung, weil der Mensch dessen anscheinend bedarf
3. mit einer Gegenfrage
4. mit Schweigen (wenn es eine falsche Frage ist oder sie aus schlechten Motiven gestellt wurde).

Der Buddha hat alle vier Typen der Beantwortung benutzt und sie auch seinen Jüngern anempfohlen.

In der Lehrrede vom Großen Segen, dem *Mahāmangala-Sutta*, hat er eine höfliche, freundliche Sprache – »nur wohlgesprochene Worte reden« – als einen der großen Segen bezeichnet, der uns davor bewahre, uns mit anderen zu streiten und zu verfeinden. Der Buddha hat auch gesagt, man müsse, um einen Menschen wirklich zu kennen, nicht nur lange mit ihm leben, sondern ihn auch oft sprechen hören.

Der zweite der drei Schritte des sittlichen Verhaltens und vierte Schritt auf dem *Achtfachen Pfad* ist das rechte Tun. Es bezieht sich vor allem auf die fünf Tugendregeln, sie sind das Fundament, und je besser und stärker das gebaut ist, umso leichter fällt es, gut zu handeln. Gute Handlungen sind die Folge guter Absichten, mit schlechten schadet man sich selber.

Der nächste Schritt betrifft den rechten Lebenserwerb. Der Buddha hat aufgezählt, was falscher Lebenserwerb ist, aber das bezog sich natürlich auf die damaligen Verhältnisse. Das Entscheidende ist – und das gilt für uns ungeachtet unserer ganz anderen sozialen und wirtschaftlichen Situation genauso –, dass man mit seinem Lebenserwerb anderen Lebewesen nicht schaden darf. So darf man in keiner Weise dazu beitragen, eine der fünf Tugendregeln zu brechen. Ganze Branchen indessen leben davon, zum Beispiel alle, die an Waffen, Drogen, Alkohol, Giften, Schlachten von Tieren verdienen; auch die Werbung gehört dazu. Der Buddha hat zum falschen Lebenserwerb auch gerechnet, Lebewesen zu Sklaven zu machen. Hierbei könnten wir an unseren Umgang mit den Tieren denken, die wir oft in einer Art Sklaverei halten.

Wenn man einen Beruf hat, soll man ihn prüfen, ob er hilfreich ist, zum Beispiel soziale, helfende, heilende, lehrende Tätigkeiten, oder neutral oder ob er in irgendeiner Weise dazu beiträgt, anderen Lebewesen Schaden zuzufügen. Vor allem schaden wir uns mit der falschen Art des Lebenserwerbs selber, besonders wenn wir etwas tun, das uns verhärtet, verroht. So einen Job sollten wir aufgeben, je früher, desto besser. Wer, um ein starkes Beispiel zu wählen, in einer Schlächterei beschäftigt ist, muss sich gegen die Schmerzens-und Todesschreie der Tiere verhärten, sonst könnte er seine Arbeit nicht weitermachen. Es ist immer wieder das Gleiche: Alle diese Regeln sind nur dazu da, uns zu läutern.

Der dritte Teil des *Edlen Achtfachen Pfades* ist die Konzentration/Geistessammlung (*samādhi*). Dazu gehört:

1. die rechte Anstrengung/Bemühung
2. die rechte Achtsamkeit
3. die rechte Konzentration

Die *rechte Anstrengung / Bemühung* ist der sechste Schritt auf dem *Achtfachen Pfad*. Millionär oder berühmt zu werden, kostet zweifelsohne eine Menge Mühe – aber ist es auch die rechte Anstrengung, die rechte Bemühung? Wir müssen also Klarheit in uns schaffen, eine Richtung in unser Leben bringen. »Richtung« beruht auf dem gleichen Wortstamm wie »recht«/»richtig«. Eine Richtung bringt uns das rechte Bemühen. Was ist unsere Richtung? Wonach suchen wir denn eigentlich? Was wollen wir? Wollen wir Meditation nur als ein neues Hobby? Oder damit wir wenigstens für ein paar Momente Ruhe finden vor diesem ewigen Denken, Überlegen, Sichärgern und -sorgen, Planen, Erinnern? Oder suchen wir ernsthaft eine Antwort auf die Frage: »Wozu bin ich hier? Was bedeutet ein Leben als Mensch? Ist es mein Hauptanliegen, mich selber zu erkennen, zu wachsen, mich zu läutern?« Denn wenn das der Leitfaden durch unser Leben ist, dann können wir gar keine falschen Bemühungen machen. Dann werden alle Anstrengungen richtig sein, weil sie in die »rechte« Richtung gehen.

Es gibt überhaupt nichts Wichtigeres im Leben, als die rechte Bemühung/Anstrengung im Licht der »vier großen Anstrengungen« zu sehen, Achtsamkeit auf die Gedanken zu unserer Hauptarbeit zu machen, indem wir unheilsame

Gedanken vermeiden und überwinden, heilsame Gedanken entfalten und erhalten.

Ohne Achtsamkeit – den nächsten Schritt – können wir den ganzen Pfad nicht beschreiten, weil wir dann ja nicht wissen, wann der Gedanke, der aufkommt, heilsam, wann er unheilsam ist und was in uns vorgeht. Achtsamkeit wird zwar in der Meditation trainiert, durch Meditation gestärkt, aber wir müssen sie auch im Alltag ohne Unterlass üben. Sie muss ein Teil unseres Lebens sein. Wenn wir merken, dass wir gerade nicht achtsam gewesen sind, ist der Moment gekommen, dass wir wieder achtsam geworden sind. Achtsam sein heißt, dass wir immer oder wenigstens so oft wie möglich wissen, was wir wirklich tun mit unserem Körper, was der Inhalt unserer Gedanken ist, was wir empfinden, wie wir reagieren. Ohne Achtsamkeit gibt es auch keine Konzentration und keinen Klarblick.

Der letzte Schritt auf dem *Achtfachen Pfad* ist die *rechte Konzentration / Geistessammlung* (*samādhi*).

Das bedeutet einmal die Versenkung, also vollkommene, nicht unterbrochene Konzentration.

Es gibt aber auch eine Konzentration, die »angrenzende Sammlung« (*upacāra-samādhi*) heißt: Sie grenzt an die rechte Sammlung an. Sie ist zwar vertiefter als unsere gewöhnliche Konzentration, die einen Moment auf den Atem, im nächsten auf einen Gedanken springt, jedoch ist sie noch keine Versenkung. Aber in der »angrenzenden Sammlung« ist es oft möglich, Einsicht zu gewinnen, weil der Geist zu der Zeit noch sehr beweglich ist. Er hat sich noch nicht vollkommen zur Ruhe gesetzt. Es ist ein Zustand, bei dem die Gedanken im Hintergrund wie ferne Wolken kommen und gehen; er kann günstig dafür sein, Unbeständigkeit zu erkennen. Es ist aber trotzdem nötig – das hat der Buddha viele, viele Male erklärt –, die Übung der Achtsamkeit so intensiv zu verfolgen, dass man den Zustand der Versenkung erreicht: Erst sie lässt den Geist Glück und Frieden finden, befähigt ihn zu der Einsicht, dass nichts anderes auf der Welt ihm dieses Glück vermitteln kann, und lässt ihn nicht mehr nach dem Weltlichen suchen. Denn um den Pfad wirklich bis ganz an sein Ende zu gehen, muss man aufhören, nach dem – als Trug erkannten – weltlichen Glück zu suchen. Wenn man diese acht Schritte, die alle parallel zueinander verlaufen, gegangen ist und sich der Geist geläutert hat, dann kommt die richtige Erkenntnis des Ichs. Und das heißt: des Nicht-Ichs (*anattā; attā:* Ich, *an:* nicht). Als Begriff, als Konzept ist es schwer zu verstehen, aber wenn es Erlebnis wird, ist es ganz selbstverständlich. Das Interessante an allen wirklichen Einsichten, die in uns aufsteigen, ist, wie selbstverständlich sie uns dann erscheinen – »ganz natürlich«. Es ist etwas, was man immer gewusst, aber nie richtig angeschaut hat, das immer da war, aber man hat es nicht in der richtigen Art und Weise erkannt. Es ist im Allgemeinen nicht so, dass eine Einsicht wie eine Offenbarung erscheint, als ob sich die Himmel öffneten. Es ist mehr ein Ereignis, das ganz ruhig vor sich geht, bei dem man darüber lächelt, dass man es nicht schon vorher so gesehen hat. Man lächelt über sich selber, und das ist überhaupt ein wichtiger Bestandteil jedes spirituellen Pfads, dass man lernt, über sich selber zu lächeln, sich nicht gar so schwer und gar so ernst zu nehmen. Dann durchschaut man auch die Absurditäten leichter, von denen unser Leben voll ist.

Dieser *Achtfache Pfad* des Buddha ist das erste »Rezept«, das er gegeben hat, um uns aus dem Leid herauszuhelfen. Er hat es dann im Laufe der Jahre in vielen anderen Lehrreden ausgebaut, von allen Seiten beleuchtet, um immer wieder Neues zu zeigen, das uns auf dem Weg helfen kann. Wir können nur immer wieder von Neuem darüber staunen, dass ein Mensch vor zweieinhalbtausend Jahren imstande war, die Wahrheit als eine innere Einsicht in sich selber zu erkennen und sie so zu formulieren, dass sie nach langer Zeit auch uns noch zur Befreiung verhelfen kann.

X

Die vier Nährstoffe

Im Benares der Buddhazeit lebte ein reiches Elternpaar mit seiner jungen Tochter, die nicht nur sehr schön, sondern auch ungewöhnlich impulsiv war. Sie wurde mit einem ebenso reichen jungen Mann verlobt, und bald sollte die Hochzeit sein. Aber als die Tochter eines Tages aus dem Fenster hinausschaute und sah, wie ein Gefangener gerade zur Richtstätte geführt wurde, verliebte sie sich auf den ersten Blick in ihn. Sie lief zu ihrem Vater, der nicht nur Geld, sondern auch Einfluss hatte, und eröffnete ihm, sie wolle keinen anderen als diesen Gefangenen heiraten, er solle sehen, dass er ihn freibekomme. Der Vater war natürlich entsetzt und weigerte sich. Da legte sich seine Tochter auf den Fußboden und trat in den Hungerstreik. Sie werde erst dann wieder Nahrung zu sich nehmen, wenn man ihr diesen Gefangenen als Ehemann zuführe. Da sie das einzige Kind war und die Eltern es mit der Angst zu tun bekamen, sie könne verhungern, ging der Vater zum Gerichtshof und kaufte den Gefangenen frei. Er brachte ihn gleich mit, und es wurde Hochzeit gefeiert. Zunächst lief alles bestens. Der Mann, der aus ganz ärmlichen Verhältnissen kam, wurde in das Geschäft seines Schwiegervaters aufgenommen und genoss die Annehmlichkeiten, die ein reiches Haus ihm bot. Nach einer Weile überkam ihn jedoch die Sehnsucht nach seinen alten Saufkumpanen, mit denen er über Land gezogen war und in den Tag hineingelebt hatte. Er hatte das geregelte Leben satt und beschloss, wieder Vagabund zu werden. Aber er besaß keinen Pfennig eigenes Geld, und so heckte er einen Plan aus.

»Jetzt sind wir schon ein halbes Jahr verheiratet«, sagte er eines Tages zu seiner Frau. »Damals, auf dem Weg zur Hinrichtung, legte ich ein Gelübde ab: Sollte ich freikommen, werde ich einer bestimmten Gottheit ein großes Opfer darbringen. Es lastet mir auf dem Gewissen, dass ich das immer noch nicht getan habe.« Seine Frau, die ihn von Herzen liebte, wunderte sich: »Warum hast du mir denn das nie gesagt? Das müssen wir natürlich sofort nachholen!«

Diese Gottheit hatte ihr Heiligtum auf einem bestimmten Granitfelsen am Meeresufer. Sie war sehr populär und stand im Ruf, den Menschen helfen zu können. Die Frau ließ von der Dienerschaft ein Opfermahl bereiten und kaufte Kerzen, Weihrauch und Blumen als weitere Opfergaben. Auf Geheiß ihres Mannes legte sie ihr kostbarstes Gewand und ihren gesamten Schmuck an, von dem sie reichlich besaß. Dann machten sie sich samt Dienerschaft auf den Weg zum Felsen. An dessen Fuße angelangt, traf der Mann seine Anordnungen: Die Bediensteten sollten unten warten, nur ihm und seiner Frau komme es zu, das Opfer zu vollziehen. Als sie mit Mahl und Opfergaben die Felsenkuppe erreicht hatten, ließ der Mann die Maske fallen: »Du bist vielleicht eine dumme Gans! Ich hab dich doch nur hierher gelockt, damit ich an deinen Schmuck herankomme und dich aus dem Weg räumen kann. Ich will wieder in Freiheit leben, und dazu brauche ich Geld. Im Hause deines Vaters komme ich mir wie im Gefängnis vor. Also los, her mit dem Schmuck!« Die Frau war natürlich entsetzt, aber sie war auch sehr klug. Sie muss sehr viel Achtsamkeit besessen haben, dass sie so geistesgegenwärtig reagieren konnte: »Nun denn, ich füge mich«, sagte sie, »aber ehe ich sterbe, will ich dir noch meine Ehrerbietung bezeugen.« Die Ehrerbietung wird in Indien erwiesen, indem man dreimal um die Person oder das Ehrobjekt herumgeht, ihm mit der rechten Schulter zugewandt. »Ich möchte dich dreimal umkreisen.« – »Na, meinetwegen.« Sie schritt also einmal um ihn herum, und beim zweiten Mal versetzte sie ihm von hinten einen Stoß, und er stürzte ins Meer. Er war auf der Stelle tot. Nun stand sie da oben auf dem Felsen in Festgewand und Geschmeide und überlegte, was aus ihr werden solle. Zu ihren Eltern, so viel war klar, konnte sie als Mörderin, auch wenn sie in Notwehr gehandelt hatte, nicht zurückkehren. Sie stieg hinunter, tauschte mit einer Dienerin die Kleider, wickelte ihren Schmuck in ein Tuch und band es sich um die Hüften. Sie trug den Bediensteten auf, ihren Eltern zu sagen, sie ziehe als Wanderasketin in die weite Welt hinaus. Zuerst ging sie zu den Jainas, einer Sekte, die auch heute noch existiert; sie nahmen schon damals eine Art Nonnen auf. Zu ihrer Praxis gehörte, einer Frau, die Nonne bei ihnen werden wollte, jedes Haar einzeln auszureißen. Da das sehr schmerzhaft war, sah sie darin eine willkommene Sühne für das von ihr begangene Verbrechen. Als sie sich als Nonne eingelebt hatte, fing sie an, die Veden, die heiligen Bücher der Brahmanen, zu studieren. Dabei kam ihr ihre ungewöhnliche Intelligenz und ihr fabelhaftes Gedächtnis zugute. Nach einigen Jahren Studium beschloss sie, in die Weite zu ziehen und sich ihren Lebensunterhalt mit der Weitergabe dieser Lehre zu verdienen. Inzwischen hatte sie alles Geld, das ihr der Schmuck eingebracht hatte, aufgebraucht. Sie brach sich einen Zweig vom Rosenapfelbaum (*jambū*) und wanderte mit ihm durchs Land. Wenn sie in ein Dorf kam, häufte sie jedesmal ein wenig Erde an, steckte den Zweig hinein und sagte, wer sie herausfordern, ihr Wissen prüfen und mit ihr debattieren wolle, solle vortreten und den Zweig umschlagen. In jedem Dorf kam irgendein Gelehrter, schlug den Zweig zur

Seite, und dann fingen sie einen Disput über die Veden an. Sie gewann immer. Auf diese Weise verdiente sie sich ihren Lebensunterhalt. Sie zog durch das ganze große Land Indien. Nach vielen, vielen Jahren, mit über fünfzig, kam sie in ein Dorf, wo zu ihrer Verwunderung mehrere Tage hintereinander niemand erschien und den Zweig umschlug. Schließlich fragte sie Kinder, ob in dem Dorf denn kein Gelehrter lebe, niemand sie herausfordern wolle. »Du bist schon zu bekannt«, antworteten die, »jeder weiß, dass du immer gewinnst, keiner will mit dir überhaupt noch debattieren.« Sie bohrte weiter: »Wisst ihr denn in der Umgebung niemanden, der mit mir debattieren würde?« Sie wussten jemanden und boten sich an, ihn herbeizuholen, einen alten, sehr klugen Mann, den wollten sie fragen. Tags darauf war wirklich der Zweig umgeschlagen, und es erschien ein alter Mönch, der es mit ihr aufnehmen wollte. Sie fragte ihn ganz ausgetüftelte Sachen, in welchem Kapitel der Veden das und das zu finden sei und in welchem Vers es so stehe und Ähnliches. Der alte Mönch wusste alles zu beantworten, und am Ende gab sie auf und erlaubte ihm, nun seinerseits sie zu fragen. Der Mönch versprach's für den nächsten Tag. Da kam er wieder und fragte sie: »Was ist das Eine, das allem Erscheinen zugrunde liegt?« Sie antwortete: »Brahman«. – »Nein«. – »Atman«. – »Nein«. »Gott«. – »Nein«. »Die Wahrheit«. – »Nein«. Sie riet weiter und weiter – »das Selbst«, »das höchste Selbst«, »das Höchste«, »das Universum« – aber auf alles: »Nein«! Schließlich gab sie auf, zum erstenmal in dreißig Jahren. »Das Eine, das allem Erscheinen zugrunde liegt«, erklärte der Mönch, »ist die Nahrung.« Das leuchtete ihr sofort ein, und sie fragte ihn nach seinem Lehrer. »Der Buddha«. Es war *Sāriputta*, der Jünger zur Rechten des Buddha. Sie bat ihn, sie zum Buddha zu führen, schloss sich ihm als Nonne an und ließ sich von Sāriputta weiterunterrichten.

Diese Geschichte hängt zusammen mit der Lehre des Buddha, dass nichts, was existiert, ohne Nahrung existieren kann. Es ist sehr aufschlussreich, sofern wir es auf uns selber beziehen, uns einmal so kennen zu lernen – dass wir tatsächlich ständig etwas in uns aufnehmen. Wir können gar nicht weiterexistieren, wenn wir nichts zu uns nehmen.

Keine andere Lehre hat den Menschen unter diesem Aspekt definiert! Es ist eine ganz neue Erklärungsweise dafür, wie wir existieren. Sie leuchtet zwar jedem ein, aber wir sehen uns nicht gerne so, denn sie macht uns zu einem Wesen, das ständig rafft. Aber so sind wir! Wir sind immer dabei, etwas an uns zu reißen.

Der Buddha sprach von vier verschiedenen Stoffen, mit denen wir ständig ernährt werden müssen. Das erste, was wir brauchen, um am Leben zu bleiben, ist die körperliche Nahrung. Man kann zwar einige Zeit nur mit Flüssigkeit auskommen, aber nicht auf die Dauer. Diese körperliche Nahrung, die wir zu uns nehmen, müssen wir erst einmal assimilieren, dann müssen wir sie verdauen und die Rückstände ausscheiden. Die Nahrung, die wir aufnehmen, macht uns auch zu dem, was wir sind. Wer mehr isst, als er braucht, wird unweigerlich dick; isst er sehr viel weniger, als er braucht, magert er ab; isst er lange Zeit gar nichts, stirbt er. Isst er Gift, stirbt er auch; isst er das Falsche, ruiniert er sich seine Gesundheit – der Mensch ist, was er isst.

Wie weit Menschen gehen, um an Nahrung heranzukommen, hat der Buddha am Gleichnis von einem Elternpaar deutlich gemacht, das mit seinem kleinen Kind durch die Wüste wandert und keinen Proviant mehr hat. Natürlich wird das Kind als erstes schwach; Kinder können ohne Nahrung eine noch kürzere Zeitspanne überleben als Erwachsene. Da es ohnedies als Erstes sterben wird, töten es die Eltern und essen es auf. Dass wir uns skrupellos unter allen Umständen

Nahrung zu beschaffen suchen, kommt in Notsituationen ans Licht. Auch die bekannten Panik-Käufe gehören hierher. Das ist großes *dukkha* für uns. Denn es beeinflusst unseren Geist in der Richtung der Gier, des Haben-Wollens.

Außer der körperlichen Nahrung brauchen wir zum Überleben als zweiten »Nährstoff« die Sinneseindrücke.

Vor ihrem ersten Flug auf den Mond mussten die amerikanischen Astronauten ein ganz bestimmtes Training absolvieren; dazu gehört der Aufenthalt in einem so genannten »sense deprivation room«. Dieser Raum war schalldicht, grau in grau, es gab also nichts zu hören, nichts zu sehen, ferner nichts zu riechen, ihr Bett aus Schaumstoff schwebte im Raum, so dass kaum eine Berührung zu spüren war. Das Essen, in einer Art Schlauch serviert, schmeckte buchstäblich nach nichts. Es war also nichts da, womit sich die Sinne hätten beschäftigen können. Es war lediglich eine Klingel vorhanden, die die Astronauten läuten konnten, wenn sie genug hatten. Das war bei den meisten nach vier bis sechs Stunden der Fall; nur einer hielt es rund zwölf Stunden aus. Es ist einfach für unseren Geist nicht möglich, das zu bleiben, was wir »normal« nennen, ohne dass unsere Sinne gefüttert werden.

Genau wie durch die körperliche Nahrung werden wir natürlich auch von dem verändert, was unsere Sinne aufnehmen. Wenn sie sich vorwiegend mit dem Düsteren, Schlechten, Deprimierenden befassen, werden wir schließlich ein ebenso beschaffener Mensch. Wenden wir uns dagegen mit unseren Sinnen dem Hellen, Klaren, Leuchtenden zu, sind wir ein »strahlender« Mensch. Wir haben die Wahl.

Der dritte »Nährstoff« sind unsere Absichten. Der Buddha verglich uns mit einem Mann, den rechts und links zwei starke Männer packen, zu einer Grube voll glühender Kohlen zerren und hineinwerfen.

Der rechts ist gutes *Karma*, der links schlechtes. Wir sind also ständig dabei, uns auch mit *Karma* zu füttern. Gutes *Karma* ist dem schlechten natürlich vorzuziehen, weil die Folgen etwas angenehmer sind, aber es wirft uns in dieselbe Grube mit denselben glühenden Kohlen darin; denn jedes *Karma* hält uns an den Daseinskreislauf gefesselt.

In der christlichen Lehre ist vom »ewigen Leben« die Rede; in der Buddha-Lehre bedeutet es zwar etwas anderes, aber man kann gleichfalls von einem »ewigen Leben« sprechen: vom ewigen Kreislauf von Leben und Tod; wir können seine Vergangenheit und seine Zukunft nicht ermessen – bis wir eines Tages innehalten: »Es reicht! Schluss damit! Ich suche den Weg hinaus.«

Im vierten Gleichnis zur Ernährung verglich uns der Buddha mit einem »Gefangenen, den dreimal am Tag dreihundert Speere durchbohren«. Gemeint ist unser Bewusstsein, der vierte »Nährstoff«. Das Bewusstsein führt uns zur Wiedergeburt; es basiert auf unseren drei Begierden: nach Sinnesbefriedigung, nach Dasein und manchmal, bei Selbstmordgedanken, nach Nichtsein. Dieses Bewusstsein verursacht alle unsere Schwierigkeiten, weil es mit dem Ich verwachsen ist, in ihm eingesperrt wie ein Gefangener. Es sieht nichts anderes als »Ich« und ist unfähig, die Wirklichkeit zu sehen.

Wenn wir diese Gleichnisse auch nur für eine Minute in uns selber nachvollziehen können, werden wir uns ohne Zögern von dem abwenden, was weltlich ist. Das schafft die Möglichkeit, sich loszulösen. Und Abwendung, der Loslösung folgt, führt zur Freiheit. Weil wir hier im Westen eine gewisse persönliche Freiheit genießen, leben wir in der Illusion, wir seien frei. In Wirklichkeit aber sind wir gefangen: im Ich-Bewusstsein und im Strudel unserer Wünsche, Begierden und Enttäuschungen. Aber es ist schwer, diesen Irrtum zu korrigieren. Nicht nur, weil er in uns schon so tief sitzt, sondern weil alle Welt im gleichen Irrtum befangen ist und es nie leicht ist, als Minderheit oder gar als Einziger gegen den Strom der Masse zu schwimmen, sich sozusagen geistig auf den Kopf zu stellen. Das aber ist nötig. Denn mit diesen Gleichnissen, die ja sehr drastisch und erschreckend sind, zeigt der Buddha, wie verkehrt wir alles ansehen.

Wir glauben, die schönen Sinneseindrücke seien etwas Gutes; wir glauben, gutes *Karma* werde uns letzten Endes befreien; und wir glauben, unser Bewusstsein zeige uns die Dinge so, wie sie sind. Aber der Buddha sagt genau das Gegenteil. Alle Sinneseindrücke, ob schön oder hässlich, sind nur Reizungen, die so schnell wie elektrische Impulse kommen und gehen. *Karma* zu machen heißt nur, unser Ich auszubreiten; das heißt aber nicht, es sei egal, ob wir gutes oder schlechtes *Karma* machen; wir dürfen nur nicht glauben, unser gutes *Karma* werde uns befreien. Weil unser Bewusstsein im Ich-Gefängnis sitzt, nur ichbezogenes Bewusstsein ist, können wir die Dinge nie so sehen, wie sie wirklich sind; das zu lernen, sagt der Buddha, sei der einzige Zweck, zu dem wir auf der Welt sind. Wenn es uns gelingt, alles mit ganz neuen Augen zu sehen, entsetzen uns diese unheimlich ergreifenden und an sich abstoßenden Gleichnisse nicht, die uns als Menschen zeigen, die ihre Kinder auffressen; die gefangen sind und von Speeren durchbohrt werden. Dann wird uns klar, dass der Buddha uns nur aus unserem gewohnheitsmäßigen Trott aufrütteln wollte. Dann können wir auch aufhören uns darüber zu wundern, dass trotz unzähligen Plänen, Verträgen, Initiativen, Kongressen etc. wir auf dieser Welt weder Frieden haben noch Nahrung für alle.

Beides ist Utopie geblieben, die ganze Menschheitsgeschichte hindurch. Der Mensch, die vermeintliche »Krone der

Schöpfung«, ist nichts weiter als ein Existenzphänomen, das laufend gefüttert werden muss, ununterbrochen Nahrung assimiliert, verdaut und wieder ausscheidet.

Das Risiko, diese Gleichnisse könnten Abscheu gegen uns selber erwecken, scheint gering. Wenn wir uns auch nicht gerade zu lieben verstehen, so haften wir doch ganz stark an uns an, vor allem an unserem Körper. Sonst täten wir nie, was wir tun. Dieses Anhaften an dem Ich sollen die Gleichnisse abbauen helfen. Es ist ja nichts weiter da als ein Körper und ein Geist, die ständig ernährt werden müssen, andernfalls gehen sie ein, d. h. wir sterben. Wer sich so zu sehen vermag, hat fortan keine Tragödien mehr zu fürchten, etwa den Tod seiner Lieben. Er erkennt ihn als das, was er ist: Die Zufuhr von Nahrung konnte nicht mehr assimiliert werden, weder körperliche noch geistige, und so geht das Ding ein.

Als der Buddha im Sterben lag, war Ānanda, sein Vetter und Betreuer, noch nicht erleuchtet, und er weinte herzzerreißend. Der Buddha rief ihn zu sich: »Warum weinst du eigentlich, Ānanda? Weinst du um diesen alten Körper, der nun endlich seine Ruhe haben kann? Was gibt's darüber denn zu weinen?« Das wusste Ānanda natürlich auch nicht. »Aber der Lehrer ist doch dann nicht mehr da«, sagte er schließlich. »Der Lehrer?« erwiderte ihm der Buddha, »Wer ist denn der Lehrer? Ich habe euch doch die Lehre gegeben. Es gibt nur eines, und das ist die Lehre.«

Wir können lernen, uns so zu sehen, wie wir sind. Dann gewinnen wir den nötigen Abstand vom Ich, ohne den wir auf »ewig« den Wogen unserer Gefühle ausgeliefert sind oder in der Trockenheit unserer Gedankenwelt gefangen sitzen.

XI

Wie Prinz Siddhārtha[1] zum Buddha wurde

Wie kam der Buddha überhaupt dazu, ein Buddha, das heißt ein Erleuchteter, zu werden? Er war ja ein Mensch wie jeder andere. Er wurde als Prinz geboren, Sohn eines Königs und einer Königin, die damaligen indischen Königreiche entsprachen aber eher Herzogtümern. Seine Mutter wollte, wie es in Indien und anderen östlichen Ländern Brauch ist, ihr Kind in ihrem Elternhaus zur Welt bringen, aber sie schaffte den Weg dorthin nicht, unterwegs setzten die Wehen ein, und so wurde der Buddha in einem Park unweit des Dorfes Lumbini geboren. – Der Lumbini-Park, heute zu Nepal gehörig, ist jetzt als heilige Stätte wieder aufgebaut worden. Man hat versucht, die historischen Gebäude zu rekonstruieren, es ist wohl noch nicht ganz fertig. Es gibt dort auch eine Säule, die der indische Kaiser Asoka 245 v. Chr. zur Erinnerung an die Geburtsstätte des Buddha aufstellen ließ. – Da es nun keinen Grund mehr gab, zu den Eltern zu gehen, kehrte die Mutter mit ihrem Kind nach Kapilavatthu in den königlichen Palast zurück. Der König war beglückt, einen Sohn zu haben, und rief die Weisen des Palastes zusammen, die zu prophezeien verstanden. Er fragte sie, was aus diesem Neugeborenen einmal werden würde. Sieben der Weisen hoben zwei Finger: Entweder werde er ein Erleuchteter oder Herrscher über die ganze

---

[1] Hier wurde ausnahmsweise die im Deutschen gebräuchlichere Sanskrit- und nicht die Pāli-Form *Siddhattha* gewählt.

Welt. Aber der achte, Kondañña, der jüngste von ihnen, hob nur einen Finger. Der König wollte den Grund dafür wissen. »Dieses Neugeborene wird der Buddha, wird erleuchtet.« Der Vater wollte wissen, auf welche Weise sein Sohn zur Erleuchtung gelangen werde. Der Weise antwortete: »Er wird vier Zeichen sehen. Die werden ihn dazu anspornen, das Leid der Menschheit zu erkunden und beenden zu wollen. Diese vier Zeichen werden sein: ein alter Mann, ein kranker Mann, ein toter Mann und ein Mönch. Dann wird er den Palast verlassen, in die Einsamkeit gehen und die Erleuchtung suchen.« Der Vater hörte sich das an und dachte: »Das passt mir gar nicht! Ich werde alles daransetzen, diese vier Zeichen von meinem Palast fernzuhalten. Ich will, dass mein Sohn bei mir bleibt und später mein Königreich übernimmt.« Im Palast waren also nicht erlaubt: Alte, Kranke, Tote schon gar nicht und Mönche auch nicht. Es ging sogar so weit – sagt die Geschichte, aber Legende und Wirklichkeit sind hier nicht auseinander zu halten, ich lasse die meisten der legendären Einzelheiten aus –, dass jeden Morgen mehrere Bedienstete alle welken Blumen und abgefallenen Blätter entfernen mussten. Der Prinz erhielt den Namen Siddhārtha Gautama[2)], Letzterer ist der Familienname. Sein Vater ließ ihm allen erdenklichen Luxus angedeihen. Dem jungen Prinzen standen drei Paläste unterschiedlicher Bauweise zur Verfügung, der jeweiligen Jahreszeit – warm, kalt, Regenzeit – angepasst; heute haben wir Klimaanlagen, damals wurden eigene Paläste gebaut. Was immer zur Erziehung eines Prinzen gehörte, lernte Siddhārtha. Er war ein ausgezeichneter Reiter, Speerwerfer, wusste mit Pfeil und Bogen umzugehen, lernte unter anderem Astrologie, Geschichte, Mathematik, und in allem ragte

---

2) Pāli: Gotama.

er hervor und übertraf seine eigenen Lehrer. Damit er ja die vier Zeichen nicht zu sehen bekomme, durfte er den Palast nicht verlassen; zu seiner Zerstreuung wurden Spielgefährten, Tänzerinnen, Musikanten in den Palast geholt. Als der Prinz sechzehn Jahre alt war, wollte sein Vater ihn verheiraten und versammelte zur Auswahl viele junge Damen der umliegenden Königreiche an seinem Hof. Siddhārtha wählte seine eigene Cousine. Sie war gleichaltrig, sehr hübsch und intelligent. Sie lebten etwa dreizehn Jahre im Palast glücklich zusammen. Als Siddhārtha ungefähr neunundzwanzig war, verspürte er den Wunsch, sein künftiges Königreich kennen zu lernen. So rief er seinen Wagenlenker Channa zu sich und trug ihm auf, den Wagen für eine Ausfahrt in die Stadt zu richten. Die beiden fuhren los und wollten eigentlich zum Lustgarten. Aber kaum hatten sie das Palasttor hinter sich, stießen sie auf einen Greis, altersgebeugt, Haare und Zähne waren ihm ausgefallen, er stöhnte beim Gehen und schleppte sich mühsam an einem Stock vorwärts. Der Prinz sah ihn und fragte den Wagenlenker, was mit diesem armen Mann los sei.

»Der ist alt«, bekam er zur Antwort. Der Prinz fragte weiter: »Kann das uns allen passieren?«

»Ja selbstverständlich! Du wirst alt werden, ich werde alt, dein Vater, deine Frau, alle.«

Der Prinz drängte darauf, sofort umzukehren, und dachte zu Hause über das Erlebte nach. Am folgenden Tag fuhren sie wieder aus, und wieder kamen sie nicht zum Lustgarten. Unterwegs sahen sie einen Kranken auf dem Bürgersteig liegen. Das ist in Indien nichts Besonderes, auch heute noch. Er konnte sich überhaupt nicht mehr bewegen, lechzte nach Wasser, Fliegen klebten an seinen Lippen und bedeckten seine Schwären – ein erbärmlicher Anblick! Wieder fragte der Prinz seinen Wagenlenker, was mit diesem armen Mann los sei.

»Der ist krank.«

»Kann das uns allen passieren?«

»Ja selbstverständlich! Keiner ist vor Krankheit sicher.« Und wieder bestand er darauf, sofort umzukehren. Tags darauf fuhren sie abermals aus. Diesmal stießen sie auf ein Leichenbegängnis; der Bahre mit dem Toten folgte ein langer Zug klagender, weiß gekleideter Menschen, Asche auf ihrem Haupt.

»Da wird ein Toter zur Verbrennung getragen«, erklärte Channa.

»Das wird uns wohl auch allen passieren.«

»Ja, ganz bestimmt!«

Alle drei Begegnungen beeindruckten den Prinzen so tief, dass von da an Menschsein für ihn Leiden bedeutete. Sie kehrten auch diesmal gleich um. Am folgenden Tag trafen sie schon zu Beginn ihrer Ausfahrt einen Mönch, der sehr achtsam einherschritt, von majestätischer Haltung und mit friedlichem Gesichtsausdruck.

»Wer ist das?« wollte der Prinz wissen.

»Das ist ein Mönch. Der hat dem Hausleben entsagt. Er hat eine Bettelschale, in die ihm die Bevölkerung sein Essen gibt. Er versucht sich so zu läutern, dass er dieses peinvolle Leben nie wieder erleiden muss.« Wieder drängte der Prinz auf sofortige Umkehr. Es gab ihm zu denken, was wohl dieser Mönch gefunden hatte, was es war, das ihn anders aussehen machte als all die Menschen, die er sonst auf der Straße gesehen hatte. An diesem Tag wurde sein Sohn geboren, er nannte ihn Rāhula. Und an diesem Tag entschloss er sich, in die heimatlose Weite zu gehen und den Sinn und Grund des Lebens und Leidens zu erforschen und den Weg aus dem Leiden zu finden. Nicht nur für sich, sondern für alle Menschen. Denn es schmerzte ihn zutiefst, dass auch seine Frau, sein Kind, sein Vater und seine Pflegemutter – seine eigene Mutter war sieben Tage nach seiner Gegurt gestorben, ihre Schwester Pajāpati, nun die Gemahlin des Königs, übernahm die Pflege des Kindes und trat an Mutter Statt – dem Leiden unterworfen waren. Er war aber sicher, dass ihn seine Familie, fragte er sie vorher, nicht gehen ließe. Als es Abend geworden war, rief er Channa zu sich und trug ihm auf, sein schönes weißes Pferd Kanthaka zu satteln und mit ihm fortzureiten.

Die vier Begegnungen hatten deshalb einen so tiefen Eindruck auf ihn gemacht, weil er bis dahin den Palast nie verlassen hatte, also von den Realitäten getrennt gelebt hatte. Im Gegensatz zu uns: Wir sind von diesen Realitäten nicht getrennt, und daher sind wir abgestumpft. Obwohl wir auf der Straße keine Toten zu sehen bekommen, sind wir doch überzeugt davon, dass es sie überall gibt, aber wir versuchen, das zu vergessen. Wir stecken Alte ins Altersheim, Kranke gewöhnlich ins Krankenhaus, wo sie von aseptischen weißen Wänden umgeben sind und von Experten, die sie nach ihrer Krankheit einsortieren und darüber den Namen und den dazugehörigen Menschen ziemlich vergessen. Wir haben Alter, Krankeit und Tod so arrangiert, dass sie uns nicht allzusehr stören. Prinz Siddhārtha dagegen war davon nicht nur gestört, sondern in seiner Tiefe derartig aufgerüttelt, dass er etwas unternehmen musste. Denn nur, wenn man bis ins Tiefste erschüttert wird, unternimmt man etwas. Für ihn war es, anders als für den Realisten Channa, ja etwas ganz Neues, dass alle Menschen alt und krank werden und sterben. Er hatte von sich, seiner Frau, seinen Eltern den Eindruck gewonnen, es werde ihnen immer gut gehen, sie blieben ewig schön und gesund, und er hatte sich wohl auch nicht den Kopf darüber zerbrochen, dass sie alle einmal sterben müssen. Er war durch diese Erschütterung in einen Zustand geraten, der ihn bewog, seine Familie zu verlassen.

Es gibt Leute, die finden, das sei aber gar nicht schön von ihm gewesen, Frau und Kind zu verlassen ... Warum aber verließ er sie? Er wollte den Grund für das Leid der Menschheit finden, um ihn dann ausmerzen zu können, suchte für das menschliche Allgemeinschicksal eine allgemein gültige Lösung. Wenn jemand aus diesem Grund von zu Hause weggeht, ist es wohl etwas anderes, als wenn einer glaubt, er könnte anderswo grünere Felder finden. »Wenn zwei das Gleiche tun, ist es noch lange nicht das Gleiche.« Er wusste genau, was das Unglück war, womit er arbeiten wollte. Er wusste, dass Verfall, Altern, Krankheit und Tod universell sind. Er hatte also eine Handhabe, konnte über das nachdenken, was er wusste. Es hat also überhaupt keinen Sinn und ist pure Zeitverschwendung, über *Nibbāna* nachzudenken, und das hat der Prinz auch nicht getan. Das wusste er ja nicht, und wir wissen es schon gar nicht. Man muss die Gedanken genau dort haben und die Arbeit genau bei dem ansetzen, was man weiß. Und nicht in geistigem Halbschlaf Alter, Krankheit, Tod so hinnehmen und sagen »naja, hoffentlich passiert's mir nicht!« Das ist wohl unser größter Fehler. Und wenn wir ehrlich mit uns sind und nur für ein paar Momente aufwachen, dann merken wir auch, dass uns dieses »hoffentlich passiert's mir nicht!« ständig in einem Angstzustand hält. Denn wir können ja nie sicher sein, dass es uns nicht doch passiert. Es ist ja sehr leicht möglich, dass wir zum Beispiel Krebs bekommen und unter furchtbaren Schmerzen leiden werden, und es ist sehr leicht möglich, dass alle unsere Lieben sterben. Und unterschwellig wissen wir das auch. Nur wenn wir uns einmal darüber klar werden, dass wir mit dem, was wir wirklich haben, nämlich mit *Saṁsāra*, dem ewigen Kreislauf von Geburt und Tod, arbeiten können, finden wir auch den Weg heraus. *Saṁsāra* und *Nibbāna* sind am selben

Ort: im Herzen. Wo denn sonst? Wenn sie also am selben Ort sind und wir *Saṁsāra* gefunden und erkannt haben, dann können wir wohl auch *Nibbāna* finden!

Kurz vor seinem Aufbruch ging der Prinz noch einmal ins Gemach seiner Frau, um sein Kind zu sehen, aber die Legende berichtet, der Säugling sei mit dem Gesicht zur Mutter gewandt gelegen, so dass ihn der Vater nicht sehen konnte, denn beide schliefen, und er wollte sie nicht wecken. Er ging leise hinaus und ritt mit Channa auf Kanthaka, dem Lieblingspferd, davon. Sie ritten bis zu dem Fluss, der die Grenze dieses Königreichs bildete. Als sie ihn überquert hatten, hieß der Prinz Channa, das Pferd in den Palast zurückzubringen und der Familie zu sagen, er sei in die Weite gezogen, um das Ende des Leides, die Erleuchtung in dieser Dunkelheit zu finden, und werde zurückkehren, wenn er sie gefunden habe. Er tauschte mit seinem Diener die Gewänder, schnitt sich mit seinem Schwert die Haare ab, übergab Channa auch das Schwert und bat ihn, nun zu gehen. Channa aber wünschte seinen Herrn, dem er tiefinnigst ergeben war, zu begleiten. »Nein, Channa, du kannst erst mit mir kommen, wenn ich die Erleuchtung gefunden habe. Bis dahin musst du auf meine Frau und mein Kind aufpassen.«

Die Legende berichtet, dass das Pferd nur ein paar Schritte in die Gegenrichtung tat und dann an gebrochenem Herzen starb. Channa musste also den ganzen weiten Weg zu Fuß zurücklegen. Der Prinz ging in den Wald. Er hatte von einem Meditationslehrer namens *Ālāra Kālāma* gehört, den suchte er nun auf, um bei ihm meditieren zu lernen und das Ende des Leides zu erfahren. Dort traf er auf fünf Gefährten, die »fünf Asketen« genannt, die auch bei diesem Lehrer zur Anleitung waren. Sie lernten meditieren und konnten in tiefe Versenkungen kommen. Als Siddhārtha die erreicht hatte, wollte sein Lehrer ihn als Mit-Lehrer bei sich behalten und bot ihm an, seine Schüler mit ihm zu teilen. Aber der Prinz wusste, dass es das nicht war, weswegen er sein Heim verlassen hatte. Er lehnte also ab und suchte zusammen mit seinen fünf Freunden einen neuen Lehrer namens *Uddaka Rāmaputta*. Wieder übten sie die Meditation und unterzogen sich asketischer Praxis. Diese Asketenpraxis ging so weit, dass die Übenden wochenlang nur ein Reiskorn am Tag aßen und so abmagerten, dass Bauchdecke und Rückgrat einander berührten. Die Haut wurde aus Mangel an den lebensnotwendigen Mineralien und Proteinen schwarz, und manchmal hielten sie die Luft so lange an, bis sie zu den Ohren austrat; sie standen auf einem Bein, bis sie umfielen, und dergleichen Übungen. Aber durch die Asketenpraxis, die den Körper so peinigte, fühlte sich auch der Geist gepeinigt und war nicht in der Lage, in gewohnter Klarheit zu arbeiten. Die Meditation, die sie bei diesem Lehrer lernten, führte sie bis zur tiefstmöglichen Versenkung. Als Siddhārtha sie erreicht hatte, machte auch dieser Lehrer ihm das Angebot, bei ihm zu bleiben, denn er könne besser lehren als er selber, er bot ihm sogar seine gesamte Schülerschaft an. Aber Siddhārtha lehnte auch diesmal ab: »Ich bin nicht hierhergekommen und habe Familie und Heim verlassen, um nur die Versenkungen zu lernen. Zwar rufen sie Glück ohne jedes Leid in mir hervor, aber danach ist das Leid wieder da.«

Angenehmes Verweilen in der Vertiefung war aber alles, was ihm diese Meditationslehrer beibringen konnten. Und das ist interessant. Denn es ist ja unmöglich, einem anderen Weisheit beizubringen. Das Einzige, was man ihm beibringen kann, sind Methoden, in diesem Fall Meditationsmethoden. Auch der Buddha, der Erleuchtete, konnte keinem anderen Weisheit beibringen – nur die Methoden, wie Weisheit zu erlangen ist.

Er erkannte aber, noch vor seiner Erleuchtung, dass dieses Meditieren seinem Geist eine Qualität gegeben hatte, die es ermöglichte, viel klarer zu sehen. Und darum handelt es sich bei der Meditation. Sie ist das Mittel zum Zweck, nicht der Zweck selber, das einzige Mittel, das es uns ermöglicht, dem Geist eine andere Qualität zu geben, eine Qualität von Ruhe, Schärfe, Kraft, sozusagen »Muskeln«; eine feste Substanz, mit der man nach Belieben umgehen kann.

Siddhārtha verließ also auch seinen zweiten Lehrer und die Gefährten und zog in die Weite. Unterwegs setzte er sich unter einen Baum, um zu meditieren. Die Geschichte erzählt, dieser Baum sei weit im Umkreis dafür bekannt gewesen, dass ein Baum-Deva in ihm wohne, der die Gebete von Frauen um Kindersegen erhöre. In dieser Gegend wohnte eine Frau namens Sujātā. Nach langen Jahren kinderloser Ehe hatte sie zu dem Baum-Deva gebetet und ihm ein großes Opfer versprochen, wenn er ihr zu einem Kind verhelfe. Und siehe da, nach neun Monaten gebar sie einen Sohn. Sie war überglücklich und sandte ihre Dienerin zu diesem Baum, um ein Opfer vorzubereiten. Die Magd sah den Prinzen unter dem Baum sitzen und hielt ihn für den Baumgeist. Sie lief aufgeregt nach Hause und holte ihre Herrin: »Der Baumgeist ist herausgekommen und sitzt unter dem Baum!« So sah auch Sujātā ihn dort sitzen und bat ihn, nicht wegzugehen, sie komme bald mit einem großen Opfer wieder. Der Prinz wusste zwar nicht, worum es ging, aber er wollte ja sowieso dort bleiben.

Sujātā, die sehr wohlhabend war, besaß eine stattliche Kuhherde. Sie molk hundert Kühe und gab die Milch fünfzig Kühen zu trinken, dann molk sie diese und gab die Milch zwanzig Kühen, mit deren Milch fütterte sie zehn Kühe, und die Milch, die diese gaben, bekam schließlich eine Kuh, und die gab dann statt Milch die reinste Sahne. Damit kochte Sujātā

Reis, würzte ihn gut, füllte die Speise in eine goldene Schale und brachte sie dem Prinzen. Er nahm Sujātās Gabe an und aß den Milchreis. Sie bat ihn, auch die goldene Schale zu behalten. Der Prinz sagte, er wolle sie in den Fluss hinter sich werfen. Schwimme sie flussaufwärts, werde er erleuchtet; schwimme sie mit dem Strom, dann nicht. So tat er, und sie schwamm aufwärts. Er blieb unter dem Baum sitzen und meditierte, durch die gute Speise wohl gestärkt. Er fasste den Entschluss, unter diesem Baum so lange sitzen zu bleiben, bis er die Erleuchtung finde, die Freiheit von allem Leiden. Selbst wenn es so lange dauerte, dass ihm das Fleisch von den Knochen abrotte (ein bisschen länger als die 45 Minuten unserer Meditationszeit!). Er ging immer wieder bis in die achte Versenkung, eine Woche lang. Als sein Geist durch die Versenkungen ganz rein und klar geworden war, kam die Erleuchtung. Die Reinheit des Geistes in den Versenkungen kommt daher, dass dann die fünf geistigen Hindernisse[3)] nicht aufsteigen können. Sie sind zwar nicht ausgemerzt, aber zeitweilig zur Ruhe gebracht.

In der Geschichte heißt es auch – und hier sind Legende und historische Wirklichkeit kaum noch auseinander zu halten –, dass Māra, der Versucher, den Prinzen von seinem Entschluss, dort sitzen zu bleiben, bis er erleuchtet werde, abbringen wollte. Māra entspricht so ungefähr dem, was wir Teufel nennen. Er wird auch manchmal personifiziert, aber natürlich hat er seinen Sitz im Herzen. Wenn sogar der Buddha kurz vor seiner Erleuchtung noch Versuchungen ausgesetzt war, können wir

---

3) 1. Sinnesbegierde
2. Ärger und Böswilligkeit
3. Müdigkeit und Trägheit
4. Ablenkung, Unruhe und Sorge
5. Skeptischer Zweifel.

ermessen, was mit uns los ist! Nur kennen wir unsere Versuchungen nicht einmal; sie folgen so schnell aufeinander, dass wir sie gar nicht auseinander halten können.

Es heißt, Māra habe dem Prinzen seine drei Töchter geschickt, die schönsten Frauen der Welt: *Lobha, Dosa, Moha* – Gier, Hass und Verblendung. Sie umtanzten ihn und lockten: »Komm, spiel mit uns, schöner Jüngling! Das macht dich viel glücklicher, als wenn du da sitzt!« Aber der Prinz wies sie ab: »Geht weg!« Sie waren ganz verwirrt, denn ihrer Schönheit hatte noch keiner widerstanden. Sie zogen sich zurück und hielten Rat: »Der mag uns nicht, für den sind wir zu jung. Wir müssen uns älter machen, wir sehen nicht reif genug aus.« Also machten sie sich älter und versuchten von Neuem, ihn wegzulocken: »Komm, komm! Mit uns wirst du so viel Freude erleben wie nie zuvor in deinem Leben! Gar kein Vergleich mit dem, was du da unter dem Baum machst!« Wieder schickte er sie fort. Sie machten sich noch ein bisschen älter und versuchten ihr Glück aufs Neue, wieder vergeblich, und so trieben sie es noch eine Weile, bis sie kapitulierten. Als sie Māra von ihrer Niederlage berichteten, sei er vor Wut fast zerborsten. Der Prinz meditierte also eine Woche lang unter dem Baum, der Geist wurde immer reiner und klarer, und am Ende sah Siddhārtha in sich selber die *Vier Edlen Wahrheiten* und den *Edlen Achtfachen Pfad*. Da wusste er auch, dass alles Negative, alles was je unrein in ihm gewesen war, erloschen war. Und er wusste, dass er der Buddha war und ihm nie mehr ein Leid etwas anhaben konnte, weil er als Person ja nicht mehr existierte. Er dachte darüber nach, ob er nun lehren solle. Aber was er zu lehren hätte, wäre so tiefgründig, dass die meisten Menschen es gar nicht verstehen könnten, und das würde dieser Lehre Abbruch tun. So entschloss er sich, erst einmal nicht zu lehren, und blieb unter dem Baum sitzen. Er heißt

»Bodhi-Baum«[4], botanisch war es ein ficus religiosa, eine Art Feigenbaum; man vermutet, dass er im heutigen Bodh-Gayā stand. Dort befindet sich heute noch ein Abkömmling dieses Baumes, er wird sehr verehrt und angebetet. Einen Monat lang saß der Buddha unter dem Bodhi-Baum und erfreute sich der Glückseligkeit von *Nibbāna*. Dann kam das göttliche Wesen *Brahmā-Sahampati* aus der Götterwelt ihn besuchen und sagte ihm, er möge doch aus Mitgefühl mit den Göttern und Menschen seine Lehre verkünden. Der Buddha überlegte abermals, überblickte mit seinem allumfassenden Weitblick die Menschheit und sah, dass einige lebten, deren geistiges Auge kaum mit Staub (= Verblendung) bedeckt war. Also willigte er ein zu lehren. Die ersten Menschen, denen er seine Lehre verkünden wollte, waren seine beiden Meditationslehrer, aber es stellte sich heraus, dass beide schon gestorben waren. Da nahm er sich vor, seine fünf Freunde – die »fünf Asketen« – zu lehren; sie hielten sich gerade in der Nähe von Benares auf. Er machte sich auf den langen Weg dorthin und traf sie auch wirklich an. Als sie ihn kommen sahen, stießen sie einander an: »Schau doch mal, wer da kommt! Dick und vollgefressen! Der Meister Gautama! Der ist ja gar kein Asket mehr, der hat ja das religiöse Leben aufgegeben, brauchst ihn ja nur anzuschauen: schön und sauber gekleidet ... den würdigen wir keines Grußes!«

Wie der Buddha näher kam, waren sie dann aber doch beeindruckt von seiner Erscheinung, seinem majestätischen Gang, und sie konnten gar nicht anders, als ihm ihren Gruß zu entbieten.

»Ich freue mich, euch hier zu finden. Ich bin jetzt der Buddha, und ich will euch die Lehre geben.« Sie waren skeptisch:

---

[4] *bodhi:* Erleuchtung.

»Wie können wir sicher sein, dass du wirklich der Buddha bist, dass deine Lehre die richtige ist?«

»Ihr habt mich doch sechs Jahre lang kennen gelernt«, erwiderte der Buddha, »habe ich euch in den sechs Jahren je irregeführt? Habe ich je etwas gesagt, das nicht stimmte?«

»Nein, nie.«

»Also schenkt mir bitte euer Gehör, danach könnt ihr selber urteilen.«

»Also gut, so weit folgen wir dir, dass wir dir wenigstens zuhören.«

Sie gingen in den Rehpark von Isipatana. – Heute findet man oft kupferne oder goldene Rehe auf einem Buddhaschrein als symbolische Erinnerung an die erste Lehrrede. – Dort richteten die fünf Freunde einen Platz für den Buddha her – auch der ist zum Teil wieder aufgebaut und kann besichtigt werden –, und der Buddha hielt seine erste Lehrrede: das *Dhamma-cakka-pavadana-Sutta*[5], die Lehrrede, die das Rad des *Dhamma* ins Rollen gebracht hat. Es war die Lehrrede über die *Vier Edlen Wahrheiten* und den *Edlen Achtfachen Pfad*. Am Schluss seiner Rede sagte der Buddha: »Aññā-Kondañña sieht, Aññā-Kondañña weiß«; Aññā-Kondañña, einer der fünf, war am Ende der Lehrrede erleuchtet, die anderen vier wurden es später. Diese fünf wurden die ersten buddhistischen Mönche; sie folgten dem Buddha, und bald stießen mehr und mehr Anhänger dazu.

So viel in groben Zügen zur Lebensgeschichte des Buddha. Eine Vielzahl weiterer legendärer Einzelheiten ist beschrieben und gemalt, oft in Form von Fresken. Sie betonen alle die übernatürlichen Kräfte des Buddha, dass ein Erleuchteter übernatürliche Kräfte hat, steht völlig außer Zweifel. Das

---

[5] *Dhamma:* die Lehre, *cakka:* das Rad, *pavadana:* ins Rollen bringen.

eine gehört zum anderen. Aber der Buddha mahnte immer wieder, diese übernatürlichen Kräfte, die oft schon vor der Erleuchtung aufsteigen, nicht zu benutzen, wenn es nicht unumgänglich nötig ist.

Es gibt vier Regeln für Mönche und Nonnen, die nie gebrochen werden dürfen, andernfalls wird man vom Orden ausgeschlossen; eine bezieht sich auf übernatürliche Kräfte: Wenn man sich übernatürliche Kräfte anmaßt, die man gar nicht hat, oder, hat man sie, Laien zeigt. Der Einzige, dem man sie vorführen darf, ist der eigene Lehrer. Der Buddha hat seine übernatürlichen Kräfte in einem Minimum gezeigt und nur, wenn es unumgänglich war, um Menschen vor großem Schaden zu bewahren. Er hat immer wieder Mönche und Nonnen, die diese Kräfte hatten, ermahnt, keinen Gebrauch davon zu machen, weil es Energie abziehe, die zur Erleuchtung gebraucht werde. Damit – und in vielen anderen Dingen – stand er den indischen Sitten und Gebräuchen kritisch gegenüber, die bis heute noch fast unverändert sind.

XII

Geschichten und Legenden

Ich möchte Ihnen zum Abschluss noch ein paar Geschichten und Legenden erzählen, die fast alle aus der Zeit des Buddha überliefert sind.[1] Sie bringen uns den Buddha und seine Lehre lebendiger nahe, als wenn wir nur seine Worte hören oder lesen, ja sie können ein Zugang zu seiner Lehre sein. Denn bei den Lehrreden ist ja immer zu bedenken, dass sie das formulieren, was der Buddha in sich selbst erlebt hat. Daher bleiben sie denen, die nicht praktizieren, letzten Endes verschlossen.

1. Ānanda

Einer der wichtigsten Menschen, die das Leben des Buddha teilten, war *Ānanda*, den ich schon ein paarmal erwähnt habe. Ānanda war ein Vetter des Buddha und genauso alt wie er. Als der Buddha 55 Jahre alt war und bereits 20 Jahre gelehrt hatte, sah er, dass er nun stetigere Hilfe brauchte, als ihm die bunte Schar von einander oft ablösenden Aufwärtern bieten konnte, und so suchte er einen ständigen Betreuer. Er befragte seine Mönche, die Ānanda als den Geeignetsten vorschlugen. Ānanda wollte dem Verdacht vorbeugen, er werde nur um seines eigenen Vorteils willen Betreuer des Buddha, und so stellte er eine Reihe von Bedingungen. Die wichtigste

[1] Im Wesentlichen nach dem *Dhammapada*-Kommentar.

war, bei allen Lehrreden anwesend sein zu dürfen, und wenn er aus irgendwelchen Gründen einmal eine verpassen müsse, würde der Buddha sie ihm wiederholen. Außerdem bat er sich aus, Fragen zu den Lehrreden stellen zu dürfen, wenn er etwas nicht verstehe, damit es nicht so aussehe, als bringe ihm seine Stellung nur Ansehen und nicht auch spirituelles Wachstum. Der Buddha ging auf diese Bedingungen ein, und Ānanda war sein ihm zutiefst ergebener Jünger und Betreuer. Er verbrachte Tag und Nacht mit ihm zusammen, schlief vor seiner Hütte, sorgte dafür, dass der Buddha mittags seine Ruhe hatte, kümmerte sich um seine Kleidung und was immer es sonst zu tun gab. Als der Buddha starb, war Ānanda nur ein Stromeingetretener, hatte also nur das erste Stadium der Heiligkeit erreicht. Er hatte ja die meiste Zeit darauf verwendet, den Buddha zu betreuen, und sein eigenes spirituelles Vorankommen hintangestellt.

Nach des Buddha Tod verabredeten sich die Arahants, die erleuchteten Mönche, für drei Monate später zu einem großen Konzil in Rājagaha, auf dem sie alle Lehrreden des Buddha rezitieren und ordnen wollten, damit es leichter sein würde, sie im Gedächtnis zu behalten. Damals wurden religiöse Lehren nur mündlich weitergegeben, da es als unheilig galt, sie in anderer Form zu überliefern. Aber ohne Ānanda konnten sie nicht viel ausrichten. Erstens hatte er in den 25 Jahren, die er Betreuer des Buddha war, jede Lehrrede gehört, und zweitens hatte er ein sehr gutes Gedächtnis und konnte die Lehrreden auswendig. Aber er war nicht erleuchtet, und nur die Erleuchteten waren zum Konzil eingeladen. Also drängten seine Mitmönche ihn, in den drei Monaten bis zum Konzil sich zu bemühen, die Erleuchtung zu erlangen. Ānanda versprach's und widmete sich ganz der Meditation. Der Vorabend des Konzils war gekommen; Ānanda war gerade bei der Geh-Meditation, stundenlang, es wurde dunkler und dunkler, er wurde müder und müder, aber erleuchtet wurde er nicht. Er sah ein, dass es zwecklos sei weiterzumachen, ging in seine Hütte, setzte sich aufs Bett und wollte sich gerade hinlegen – und genau in diesem Moment, in dieser schrägen Körperhaltung, wurde er erleuchtet. Am Morgen ging er zum Konzil, wo man einen Platz für ihn freigehalten hatte. Die Mönche erkannten sofort, dass auch Ānanda nun erleuchtet war, und baten ihn zu rezitieren. Viele der Lehrreden des Buddha beginnen mit »*Evaṁ me suttaṁ*«: »So habe ich gehört« – es ist Ānanda, der spricht. Und oft fügt er auch hinzu, wo er diese Rede gehört hat, wer zugegen war und welche Fragen von den Anwesenden gestellt wurden. Das verleiht den überlieferten Texten den Charakter von Authentizität. Denn es ist unwahrscheinlich, dass diese Details erfunden sind. Und selbst wenn …

Uns zeigt diese Geschichte, dass Erwartungen bei der Meditation fehl am Platz sind, denn sie sind mit Enttäuschungen verbunden. Ānanda war darauf aus, erleuchtet zu werden, denn er hatte nur drei Monate Zeit. Es klappte nicht, sondern ging immer schlechter und schlechter. Übrigens rührt von dort die Scherzfrage: »Welches ist die fünfte Körperposition, in der man erleuchtet werden kann?«

Ānanda scheint die liebenswerteste Person aus dem Kreis um den Buddha gewesen zu sein und war auch bei den Nonnen ganz besonders beliebt, denn ihm hatten sie die Gründung ihres Ordens zu verdanken. Ein paar Jahre nach der Erleuchtung des Buddha wollte seine Pflegemutter und Tante Nonne werden; der Buddha lehnte ab – dreimal. Auch andere Frauen aus ihrer Verwandtschaft und Gemahlinnen von Prinzen und Königen hatten diesen Wunsch, aber der Buddha schlug es auch ihnen ab. Als er wieder einmal auf Wanderschaft zog, folgten ihm die Frauen barfuß in einiger Entfernung. Sie, die bisher als verwöhnte Prinzessinnen und Königinnen gelebt hatten, sahen, als sie ihr Wegziel endlich erreichten, entsprechend aus: Ihre Füße bluteten, die Haare hingen ihnen in Strähnen herunter, die Kleider starrten vor Staub. Als Ānanda die Pflegemutter des Buddha in diesem Zustand sah, fragte er sie, was das zu bedeuten habe. Sie wolle unbedingt Nonne werden, sagte sie, deshalb sei sie dem Buddha gefolgt, aber schon dreimal habe er abgelehnt. Da ging Ānanda zum Buddha: »Draußen steht *Mahā-Pajāpati* in einem erbärmlichen Zustand. Sie ist dir gefolgt, weil sie Nonne werden will, aber du habest abgelehnt.« – »Ja«, sagte der Buddha, »ich habe abgelehnt.« Ānanda beschloss, andersherum zu fragen: »Können Frauen erleuchtet werden?« – Buddha: »Ja selbstverständlich können Frauen erleuchtet werden.« – Ānanda: »Warum lässt du sie dann nicht Nonne werden, warum verweigerst du ihnen die Möglichkeit?« Der Buddha setzte nichts dawider, und so wurde der Nonnenorden gegründet. – Ob die Geschichte wahr ist, kann ich nicht beurteilen; ich kann sie nur wiedererzählen. Aber wenn sie stimmt, war es Ānandas Fürsprache, der der Nonnenorden zu verdanken ist. Das wurde ihm später, nach dem Tode des Buddha, von Mahā-Kassapa, einem anscheinend sehr rigorosen und orthodoxen Mönch, vorgeworfen.

Der Buddha verfügte, dass jede Woche ein Mönch die Nonnen aufsuche und sie in der Lehre unterweise, denn die Mönche hatten ja einige Jahre Vorsprung. Ānanda war, seiner liebenswürdigen Art wegen, ihr Lieblingslehrer.

2. *Saṅgharakkhita und sein Neffe*

Saṅgharakkhita war ein erleuchteter alter Mönch. Bei ihm lebte sein junger Neffe als sein Schüler und Novize.

Es ist bis auf den heutigen Tag in buddhistischen Ländern Tradition, dass am Ende der Regenperiode die Laien den Mönchen und Nonnen ihre Robe fürs nächste Jahr stiften. So erhielt eines Tages auch Saṅgharakkhita eine Einladung. Da er schon alt war und genügend Mönchsroben für den Rest seines Lebens hatte, schickte er seinen Neffen, um ihm das neue Gewand zugute kommen zu lassen. Dem Neffen wurden zwei Stoffe ausgehändigt, ausreichend für zwei Roben: ein einfacher Baumwoll- und ein sehr kostbarer schöner Seidenstoff. Auf dem Nachhauseweg beschloss er, den Baumwollstoff für sich zu behalten und seinem Onkel, den er sehr gern hatte, die Seide zu schenken, das werde ihn freuen. Der aber wehrte ab: Er könne ein so kostbares Gewand gar nicht gebrauchen, habe sowieso genug, der Neffe solle es behalten. Den aber ärgerte es, dass er einen Korb bekam, denn er schloss daraus, dass sein Onkel auch ihn ablehne, seine Person, nicht nur sein Geschenk. Es war sehr heiß, und so bat ihn sein Onkel, ihn zu fächeln. Während er so mit dem Fächer hantierte, hing er seinen Gedanken nach: »Wenn der Onkel mich doch offensichtlich nicht mag, warum bleibe ich dann eigentlich bei ihm? Ich könnte doch meine Mönchsrobe wieder ausziehen, den kostbaren Stoff auf dem Markt verkaufen und mir vom Erlös, der bestimmt reichlich sein wird, eine Ziege kaufen, ihre Milch verkaufen und mir von diesem Geld eine zweite Ziege leisten, und wenn ich dann ihre Jungen verkaufe, habe ich bestimmt bald das nötige Geld beisammen und kann mir eine Frau nehmen, und die wird mir ein Kind gebären; hoffentlich, nein ganz gewiss, einen Sohn. Dann machen wir uns auf den Weg zum Onkel und führen ihm seinen Großneffen vor. Meine Frau wird darauf bestehen, den Kleinen zu tragen, aber das ist viel zu riskant, wie leicht kann sie ihn fallen lassen! Na, sag ich's nicht: Jetzt, auf der Türschwelle, stolpert sie tatsächlich, und um ein Haar wäre mein Söhnchen zu Boden gestürzt. Da kann ich ja nicht anders als sie schlagen ...« – und er nahm den Fächer und haute dem Onkel kräftig eins auf den Kopf. Der drehte sich um und sagte: »He! Bloß weil deine Frau beinahe dein Kind fallen gelassen hätte, brauchst du deinen armen alten Onkel doch nicht auf den Kopf zu schlagen!«

(Das ist so ungefähr das, was in der Meditation vor sich geht ...)

3. Ein alter Mönch, der sich für erleuchtet hielt

Auch die folgende Geschichte handelt von einem alten Mönch aus der Zeit des Buddha und seinem Schüler. Der Alte war überzeugt davon, erleuchtet zu sein. Nachdem sein Schüler fünf Jahre bei ihm Mönch gewesen war, schickte er ihn zu anderen Lehrern, damit er noch mehr lerne; und tatsächlich wurde er zwei Jahre später erleuchtet. Der spirituelle Lehrer ist nach indischer Tradition der wichtigste Mensch, und so war das allererste Anliegen des jungen Mönchs nach seiner Erleuchtung, zu schauen, wie es seinem alten Lehrer gehe. Und er sah sofort, dass dieser gar nicht erleuchtet war. So beschloss er, ihn unverzüglich in seiner Höhle aufzusuchen und ihm zu helfen, auch zur Erleuchtung zu gelangen. Der Alte freute sich von Herzen über das Wiedersehen, und nach dem üblichen Austausch von Höflichkeiten fragte ihn sein ehemaliger Schüler:

»Kannst du eigentlich Visionen heraufbeschwören?«

»Ja selbstverständlich! Was möchtest du denn gerne sehen?«

»Einen riesigen Elefantenbullen, hier in der Höhle!«

»Bitteschön, da ist er!«

Der Alte beschwor einen außerordentlich realistischen, riesengroßen wilden Elefantenbullen herauf; sie können höchst gefährlich sein.

»Großartig, wie lebensecht der aussieht!«, lobte der Schüler. »Kannst du es auch bewerkstelligen, dass er sich bewegt?«

»Kein Problem«, erwiderte der Alte, »was soll er denn machen?«

»Ich möchte gerne, dass dieser Elefant auf dich losstürzt.«

In diesem Augenblick wusste der Lehrer, dass er noch nicht erleuchtet ist: Angst kam in ihm hoch, Angst um sein Leben. Für den Erleuchteten aber gibt es kein »mein« Leben mehr. Und er bat seinen Schüler: »Hilf mir, auch erleuchtet zu werden.« Nun, zu diesem Zweck war er ja hergekommen.

4. Nanda

Der Buddha hatte außer Ānanda noch weitere Vettern. Einer hieß Nanda. Er war ein ewiger Zauderer: Heute wollte er Mönch werden, morgen heiraten, übermorgen wieder Mönch … Er konnte sich nicht entscheiden. Eines Tages hatten seine Eltern genug davon, besorgten ihm eine Braut und bestimmten den Tag der Hochzeit. Natürlich wurde auch der Buddha eingeladen, er war schließlich der Wichtigste der ganzen Sippschaft. Er bekam seine Almosenmahlzeit vorgesetzt, und anschließend sollte die Hochzeit stattfinden. Als der Buddha zu Ende gespeist hatte, sagte er zu Nanda: »Trag mir doch meine Almosenschale ein Stück Weges.« Natürlich konnte Nanda nicht nein sagen, denn der Buddha war ja der höchst geachtete Mensch weit und breit, und so trottete er brav mit der Almosenschale hinter ihm her, immer noch ein Stückchen weiter, bis Nanda schließlich wissen wollte:

»Wie weit gehen wir denn eigentlich?«

»Nur bis zum Kloster.«

Dort schließlich angelangt, wollte Nanda sich verabschieden.

»Wozu die Eile?«, fragte ihn der Buddha. »Setz dich!«

»Ich kann jetzt nicht, habe keine Zeit, ich muss zur Hochzeitsfeier zurück!«

»Warum willst du denn unbedingt heiraten? Was ist daran denn so wichtig?«

»Sie ist die schönste Frau, die ich je gesehen habe, und ich bin wahnsinnig in sie verliebt! Entschuldige bitte, aber ich muss jetzt gehen!«

»Wenn du hier im Kloster bleibst«, erwiderte ihm der Buddha, »kannst du Tausende von Frauen haben, noch viel schöner als deine Auserwählte.«

»Was? Wirklich?« staunte Nanda.

»Ja, du musst nur hierbleiben. Aber du musst auch ordentlich praktizieren, musst deine Sache recht gut machen.«

»Ja? Ist das so? Na gut, dann bleibe ich hier.«

Die Hochzeit wurde also abgeblasen, Nanda blieb im Kloster und meditierte. Alle paar Wochen ging er zum Buddha:

»Sag mal, du hast mir doch etwas erzählt von den Tausenden von Frauen, die noch viel schöner sein sollen als die, die ich dann nicht geheiratet habe. Wo sind die denn?«

»Ich habe dir doch gesagt«, gab ihm der Buddha zur Antwort, »du musst erst einmal deine Meditation richtig machen.«

Also meditierte er weiter, ging alle paar Wochen fragen und bekam jedesmal die gleiche Antwort. Am Ende wurde er erleuchtet, da brauchte er keine Tausende von Frauen mehr.

Was aber war es, was der Buddha ihm versprochen hatte? Wenn er wirklich seine Meditation weitermache, erlange er ein Herz voll mit Liebe und Güte und Gleichmut und könne schließlich im *Deva*-Bereich Tausende schöner Frauen sehen – die er dann natürlich nicht mehr heiraten wollte.

Die Geschichte zeigt, dass es völlig egal ist, aus welchem Grund man dazu kommt, sich hinzusetzen und zu meditieren. Man muss nur anfangen und dann auch weitermachen.

5. Devadatta

Wieder ein anderer Vetter des Buddha hieß *Devadatta*. Er war sehr klug, aber er hatte ein böses Herz. Er war auf den Buddha neidisch, denn er hielt sich selber für viel geeigneter, alle Mönche und Nonnen unter sich zu haben und Ruhm und Ehre einzuheimsen. So versuchte er dreimal – natürlich ein fürchterliches *Karma* für ihn! –, den Buddha zu töten. Das erste Mal stürzte er einen Felsblock auf ihn nieder, aber der traf den Buddha nur an der Ferse, es blutete ein bisschen. Das zweite Mal hatte er einen kleinen Trupp Schützen gedungen, die den Buddha hinterrücks mit Pfeilen durchbohren sollten. Der Buddha wusste aber, dass sie im Hinterhalt lauerten, sprach ihnen gut zu, und sie zogen ab. Das dritte Mal wollte Devadatta sichergehen. Er suchte den Königspalast auf und bat den Elefantenwärter, ihm am nächsten Morgen den wildesten unter den noch nicht trainierten Elefanten zu überlassen. Als Vetter des Buddha bekam er bedenkenlos, was er wünschte. Er jagte das riesige wilde Tier den Weg hinunter, auf dem der Buddha mit seinen Mönchen gerade auf Almosenrunde ging. Der Boden bebte unter dem heransprengenden Koloss, der außerdem markerschütternd trompetete. Die Mönche liefen entsetzt davon. Nur Ānanda blieb stehen und stellte sich schützend vor den Buddha. Der wies ihn an, aus dem Weg zu gehen. Aber Ānanda blieb stehen. Es ist überliefert, dass dies das einzige Mal gewesen sei, dass Ānanda dem Buddha nicht gehorcht habe. Der Buddha habe deshalb die Erde ein bisschen rollen lassen und Ānanda zur Seite gerollt. Er selber blieb mitten auf dem Weg stehen und erwartete das Tier. Er richtete seine liebende Güte auf den heranrasenden Elefanten, und als er dies spürte, wurde er immer langsamer und langsamer, kam vor dem Buddha zum Stehen, ließ sich auf die Knie nieder, nahm mit seinem Rüssel etwas Sand auf und bestreute die Füße des Buddha. Der streichelte ihn, der Elefant machte kehrt und trottete in seinen Stall zurück.

Es kommt nicht darauf an, ob dieses Ereignis verbürgt ist oder nicht. Was es uns lehrt, ist die Macht der Liebe. Die kann einen wilden Elefanten zum Stehen bringen. Liebe ist die stärkste Macht, die es gibt. »Hass«, sagt der Buddha, »wird niemals besiegt von Hass. Hass wird immer besiegt von Liebe.« Liebe kann alles besiegen.

6. Kisā Gotamī

Die folgende Geschichte geht besonders Eltern an. Mutterliebe wird ja oft – auch in den Lehrreden des Buddha – als ganz und gar uneigennützige Liebe dargestellt. Das ist sie ja auch, nur leider ist sie eine vollkommen anhaftende Liebe, nämlich von der ständigen Furcht getrübt, den Gegenstand seiner Liebe zu verlieren. Dazu also die Geschichte von *Kisā Gotamī*. Gotamī ist der Nachname, Kisā heißt »die Dünne«; sie war klapperdürr, nicht gerade hübsch und obendrein arm, so dass es schwer war, einen Mann für sie zu finden. Denn damals, und wohl auch heute noch, musste man in Indien eine beträchtliche Mitgift mit in die Ehe bringen. Sie war schon ganz unglücklich darüber, dass sie wohl nie einen Mann finden werde. Doch eines Tages verliebte sich ein reicher Kaufmann in sie und heiratete Kisā. Seine Familie war davon natürlich nicht erbaut, denn Kisā war nicht nur sehr arm, sondern kam außerdem aus einer niederen Kaste. Nach ein paar Jahren aber gebar sie einen Sohn, und als Mutter des Enkelkindes wurde sie fortan von der Familie ihres Mannes geliebt, ihr Glück war perfekt. Mit drei Jahren aber wurde das Kind krank und starb. Sie konnte sich mit dem Tod ihres Söhnchens nicht abfinden und haderte mit ihrem Geschick. Sie fürchtete, die Familie ihres Mannes werde sie nun verstoßen und ihr, wie das in Indien üblich ist, die Schuld am Tod des Kleinen zuschieben. Sie fürchtete auch, ihr Mann werde sie nicht mehr lieben, und so wollte sie den Tod ihres Kindes einfach nicht wahrhaben und redete sich ein, es sei nur krank. Sie nahm es auf den Arm und lief von Heilkundigem zu Heilkundigem, um eine Arznei zu erbitten. Anfangs tat sie den Leuten Leid, aber nach einer Weile ging sie ihnen auf die Nerven, und sie ließen sie links liegen.

Aber sie gab nicht auf. Eines Tages traf sie einen Mann, der ihr seine Hilfe anbot: »Komm mit mir, ich weiß jemanden, der eine Medizin hat.« Er führte sie zum Buddha. Sie kniete vor ihm nieder, verbeugte sich und wies auf ihr Kind:

»Schau, es ist krank. Kannst du mir eine Medizin verordnen?«

»Ja«, erwiderte der Buddha, »ich kann dir eine Medizin verordnen. Geh ins nächste Dorf und hole mir eine Handvoll Senfkörner.«

Sie rannte voller Freude los, da rief er ihr nach:

»Aber nur aus einem Haus, in dem noch nie jemand gestorben ist.«

Sie lief ins Dorf, klopfte an die Tür des ersten Hauses und bat um eine Handvoll Senfkörner, die in Indien jeder im Hause hat, wie wir Salz und Zucker. Sie erhielt das Gewünschte und fragte im Weggehen wie beiläufig:

»Ist eigentlich in diesem Haus schon einmal jemand gestorben?«

»Ja, mein Großvater.«

Da gab sie die Senfkörner zurück und ging ein Haus weiter. Aber dort war eine Magd gestorben. Und so ging es im ganzen Dorf. Mit letzter Hoffnung klopfte sie ans allerletzte Haus. Aber auch dort war schon einmal jemand gestorben. Kisā Gotamī wurde plötzlich wach. Sie ging zum Buddha, legte ihr Kind auf die Erde und sagte: »Jetzt kann es begraben werden.« Sie wurde Nonne, und nicht lange darauf wurde sie erleuchtet.

7. Die Nonne Khemā

Eine der berühmtesten Nonnen aus der Zeit des Buddha war *Khemā* – meine Namenspatronin – sie wurde »die Nonne mit der größten Weisheit« genannt (als ich mir diesen Namen aussuchte, wusste ich das aber noch nicht). Khemā war, ehe sie Nonne wurde, die Frau des Königs Bimbisāra. Sie galt als die schönste Frau Nordindiens und war sehr stolz darauf. Wo immer sie sich zeigte, waren die Menschen von so viel Schönheit ganz überwältigt und gaben dem auch Ausdruck. Ihr Mann, König Bimbisāra von Magadha, war an der Lehre des Buddha sehr interessiert und seit Jahren sein Zuhörer. Sie aber war nie mitgegangen, denn sie hatte gehört, dass der Buddha weibliche Schönheit nicht mochte und abfällige Bemerkungen darüber zu machen pflegte; einer solchen Demütigung wollte sie sich nicht aussetzen. Eines Tages kam der Buddha wieder einmal nach Rājagaha, der Hauptstadt des Magadha-Reiches. Der König beeilte sich, ihn zu begrüßen und seiner Lehrrede zuzuhören, gefolgt von seinem gesamten Hofstaat. Königin Khemā, ganz allein im Palast, überlegte sich, ob sie nicht doch einmal hingehen und zuhören sollte; wenn sie sich ganz am äußersten Rand der riesigen Menschenmenge aufstellte, könne der Buddha sie schließlich gar nicht sehen, und dann habe er auch keinen Grund, etwas Abfälliges über weibliche Schönheit zu äußern. Sie ging also auch zu dem Platz, auf dem bereits eine riesige Menschenmenge um den Buddha versammelt war. Sie blieb ganz hinten stehen, aber er sah sie sofort. Und er ließ ihr eine Vision erscheinen von einer Frau, die noch viel schöner war als Königin Khemā und ihn fächelte. Khemā wunderte sich: »Ich dachte, der mag weibliche Schönheit nicht, und nun steht da eine ganz dicht bei ihm, die noch viel schöner ist als ich, und fächelt ihn!« Als der Buddha ihrer vollen Aufmerksamkeit sicher war, machte er die Erscheinung ein bisschen älter: ein paar Runzeln, einige graue Haare, Gestalt leicht gebeugt. Khemā erschrak: »Die Ärmste, sie altert ja vor meinen Augen!« Der Buddha ließ die Erscheinung abermals altern: Nun war sie ganz grau, verlor ein paar Zähne, das Gesicht voller Runzeln, die Haltung gebückt. Khemā war entsetzt über den rapiden Verfall. Die Frau, die noch vor wenigen Minuten so schön war, tat ihr Leid. Einen Moment später konnte sich die alte Frau, völlig gebeugt, nur noch mühselig am Stock festklammern, sah kaum noch, konnte den Fächer nicht mehr halten; dann ließ der Buddha sie in sich zusammensacken – sie war tot. In diesem Augenblick verstand Königin Khemā, worum es ging, und wurde erleuchtet. Sie trennte sich von ihren kostbaren Gewändern und Schmucksachen, schnitt sich die Haare ab und wurde Nonne. Hochintelligent und begabt, wurde sie als »die Nonne mit der größten Weisheit« bekannt.

König Pasenadi vom benachbarten Königreich Kosala reiste einmal inkognito durch sein Land, um sich ein wahres Bild machen zu können. Er kam mit seinem Diener in ein entlegenes Dorf und verspürte den Wunsch, sich mit einem Mönch über das *Dhamma* zu unterhalten. Er schickte seinen Diener auf die Suche, aber der kam unverrichteter Dinge wieder: »In diesem Dorf gibt es keinen Mönch, aber die Nonne Khemā ist gerade zu Besuch hier und bleibt über Nacht. Möchtest du mit ihr sprechen?« Der König war einverstanden und suchte Khemā auf. Er stellte ihr eine Frage, die ihn schon lange beschäftigte:

»Existiert der Erleuchtete nach seinem Tod?« »Nein.«

»Dann existiert er also nicht nach dem Tod?«

»Nein.«

»Existiert er sowohl als existiert er auch nicht nach dem Tod?«

»Nein.«

»Weder existiert er also, noch existiert er nicht nach dem Tod?«

Khemā abermals: »Nein.«

»Auf alles, was ich sage, antwortest du mit Nein. Irgendetwas muss doch zutreffen!«

Khemā fragte den König, ob er an seinem Hof einen klugen Mathematiker habe.

»Einen sehr klugen!«, erwiderte er.

»Wenn du diesen Mathematiker an den Strand schicktest, er solle die Sandkörner zählen: Könnte er das?«

»Nein, natürlich nicht, das wäre unmöglich!«

»Und warum?«, wollte Khemā wissen.

»Weil es unendlich viele sind.«

»Siehst du?«, erwiderte Khemā, »kann man von dem Erleuchteten nicht das Gleiche sagen: ›weil er unendlich ist‹? Wenn du nun diesen Mathematiker wieder an den Strand schicktest, er solle mit einem Eimer die Liter Wasser ausmessen, die im Ozean sind – könnte er das?«

»Nein«, gab der König zu, »das ist unmöglich!«

Wieder frage Khemā: »Und warum?«

»Der Ozean ist so tief, so groß, so weit, den kann er nicht ausmessen.«

»Genauso ist es mit dem Erleuchteten: so tief, so groß, so weit, unermesslich.«

Damit musste sich der König zufrieden geben. Aber er war es nicht, sondern ging bei nächstpassender Gelegenheit zum Buddha und stellte ihm die gleiche Frage. Und er bekam Wort für Wort die gleiche Antwort. Als er dem Buddha erzählte, dass ihm die Nonne Khemā schon genauso geantwortet habe, sagte der Buddha:

»Ja, sie ist die Nonne mit der größten Weisheit. Sie hat dir richtig geantwortet.«

Das Buddha-Haus ist ein buddhistisches Seminarzentrum und liegt etwa 130 km südwestlich von München in den Allgäuer Voralpen. Hier finden Meditationskurse für Anfänger und Geübte statt, die von erfahrenen Lehrenden geleitet werden, insbesondere von denen die in der Tradition von Ayya Khema lehren.